CLAUDIA STÖCKL

# Interview mit dem Leben

ecoWIN

Sämtliche Angaben in diesem Werk erfolgen trotz sorgfältiger Bearbeitung ohne Gewähr. Eine Haftung der Autoren bzw. Herausgeber und des Verlages ist ausgeschlossen.

1. Auflage
© 2018 Ecowin Verlag bei Benevento Publishing Salzburg – München, eine Marke der Red Bull Media House GmbH, Wals bei Salzburg

Alle Rechte vorbehalten, insbesondere das des öffentlichen Vortrags, der Übertragung durch Rundfunk und Fernsehen sowie der Übersetzung, auch einzelner Teile. Kein Teil des Werkes darf in irgendeiner Form (durch Fotografie, Mikrofilm oder andere Verfahren) ohne schriftliche Genehmigung des Verlages reproduziert oder unter Verwendung elektronischer Systeme verarbeitet, vervielfältigt oder verbreitet werden.

Medieninhaber, Verleger und Herausgeber:
Red Bull Media House GmbH
Oberst-Lepperdinger-Straße 11–15
5071 Wals bei Salzburg, Österreich

Lektorat: Arnold Klaffenböck
Satz: MEDIA DESIGN: RIZNER.AT
Gesetzt aus der Minion Pro, Halis R, MrsEaves
Umschlaggestaltung: b3K design, Andrea Schneider, diceindustries
Printed in Slovakia

ISBN 978-3-7110-0152-8

*Für meine Eltern, deren Liebe die Antwort auf so vieles ist*

# Inhaltsverzeichnis

Hä …? Ein Geleitwort von Michael Niavarani ..................... 9

Vorwort ................................................................... 13

**Wie startet die Expedition?**
Bogdan Roščić, Attila Dogudan, Uli Brée, Klaus Maria
Brandauer, Harald Schmidt, Marina Hoermanseder,
Pizzera & Jaus, DariaDaria, Florian Gschwandtner,
Nele Neuhaus ............................................................ 16

**Wo beginnt das Glück?**
David Steindl-Rast, Udo Jürgens, Gerlinde Kaltenbrunner,
Thomas Gottschalk, Richard David Precht ..................... 32

**Wodurch geschieht Entwicklung?**
Georg Fraberger, Rolando Villazón, Thomas Stipsits,
Christina Stürmer, Campino, Gottfried Helnwein,
André Heller ............................................................. 50

**Wie beschreite ich den Weg nach innen?**
Matthias Strolz, Ursula Karven, Ha Vinh Tho ................. 68

**Wie gelingt die Liebe?**
Katharina Straßer, Gert Voss, Senta Berger,
Dagmar Koller & Helmut Zilk ..................................... 86

**Wann hilft Humor?**
*Gerda Rogers, Peter L. Eppinger, Wolfgang Puck,
Stermann & Grissemann, Rainhard Fendrich, Josef Hader,
Nina Proll, Gregor Bloéb, Karl Wlaschek, Karlheinz Hackl,
Michael Ostrowski, Michael Niavarani* .................................... 102

**Was macht Erfolg?**
*Robert Palfrader, Tobias Moretti, Veronica Ferres, Christoph Waltz,
Nena, Klaus Maria Brandauer, Marcel Hirscher, Elisabeth Gürtler,
Helene Fischer, Peter Simonischek, Marco Michael Wanda* .... 116

**Was lerne ich aus Scheitern?**
*Elyas M'Barek, Jamie Oliver, Harald Krassnitzer, Josef Zotter,
Felix Neureuther, Thomas Bubendorfer* ...................................... 134

**Wie akzeptiere ich das Älterwerden?**
*Manfred Deix, Georg Danzer, Robbie Williams,
Natascha Kampusch, Iris Berben, Nadja Bernhard,
Sarah Wiener, Niki Lauda, Andreas Vitásek* ............................. 150

**Wie verkraftet man den letzten Abschied?**
*Erika Pluhar, Ursula Karven, Herbert Grönemeyer,
Adele Neuhauser, Ulli Ehrlich, Maria Köstlinger* ...................... 168

**Wo finde ich Gott?**
*Markus Hengstschläger, DDr. Wolfgang Graninger,
Samuel Koch, Kardinal Christoph Schönborn, Jürgen Fliege,
Pater Georg Sporschill* ................................................................. 184

**Was bleibt in Erinnerung?**
*Markus Rogan, Wolfgang Ambros, Nina Proll,
Reinhold Mitterlehner, Peter Pilz, Margit & Heinz Fischer,
Christian Kern, Sebastian Kurz, Heinz-Christian Strache,
Arik Brauer, Lorenz Gallmetzer, Eveline Wild, Falco* ............... 198

Danksagung ................................................................................... 225

# Hä …?
## Ein Geleitwort von Michael Niavarani

Nein, das ist kein Druckfehler, das ist tatsächlich die Überschrift meines Vorwortes zu diesem Buch. Normalerweise halte ich ja Vorwörter für entbehrlich. Also ganz ehrlich, was erwartet sich eine Autorin davon, außer exzessive Lobhudelei und die Möglichkeit, damit angeben zu können, dass Österreichs beliebtester Komiker sich für ihr aus verschiedenen Interviews zusammengestoppeltes Buch mühsam ein Vorwort aus den Fingern gesogen hat? Normalerweise hätte ich ja abgesagt, dankend, mit Tränen in den Augen vor Rührung, dass man da an mich gedacht hatte – aber leider, die Zeit, der Stress, der Urlaub … und außerdem muss ich mir noch die Zehennägel schneiden. Normalerweise! Aber bei einer großartigen Journalistin wie Claudia Stöckl ist nichts »normalerweise«.

Alles an ihr ist eine Ausnahme. Man findet nicht alle Tage eine Frau, die zu den bekanntesten und beliebtesten Menschen des Landes gehört und die in ihrer Genialität bescheiden und, wie man sagt, am Boden geblieben ist. Und die es wie niemand anderer auf diesem Planeten beherrscht, in Interviews eine Atmosphäre der Geborgenheit herzustellen, dass man als Interviewpartner Dinge von sich hergibt, die man nicht einmal in seinen Memoiren schreiben würde.

Wenn Claudia Stöckl etwas kann, dann Fragen stellen.

Aber kommen wir zurück zu meiner Überschrift: Hä? »Hä« ist die Mutter aller Fragen, die Urfrage sozusagen, die Essenz des

Menschseins. Alle Menschen, die heute leben, stammen von einer Population von 200.000 Individuen ab. Das ergibt der weltweite Vergleich unseres Genoms. Wenn dem so ist, dann muss es auch einen kulturellen Beweis dafür geben, nicht nur einen biologischen. Nun, jetzt kann man sagen, wir alle bauen Häuser, haben eine Sprache, verhalten uns im Grunde sehr ähnlich, wenn nicht überhaupt komplett gleich, nur eben auf unterschiedlichen kulturellen Oberflächen. Das heißt, es muss auch in unseren verschiedenen Sprachen mindestens ein Element geben, das universell ist. Einen Satz, den alle Menschen auf der ganzen Welt verstehen, ohne ihn übersetzen zu müssen. Denn wenn diese 200.000 Individuen in irgendeiner Form miteinander kommuniziert haben – und das müssen sie, sonst hätten sie nicht überlebt –, dann muss etwas aus dieser Zeit übriggeblieben sein. Ein Wort, eine Phrase, ein Satz, der uns alle miteinander verbindet und beweist, dass wir Brüder und Schwestern sind. Und ich habe nach langem Forschen diesen Satz gefunden. Ein Satz, der ohne Übersetzung in China, England, Afghanistan, Schweden oder sonst wo auf der Welt verständlich ist. Und dieser Satz lautet: »Wie bitte?« Allerdings nicht in dieser komplexen Form, sondern in seiner ursprünglichen Erscheinung: »Hä?« Dieses »Hä?« ist es, das uns zu Menschen macht.

Von Urzeiten an laufen wir durch diese Welt und fragen uns, was das alles soll, wie das alles funktioniert und warum alles so ist, wie es ist, und ob es denn nicht doch vielleicht ganz anders ist, als es scheint. Fragen zu stellen ist es, was uns von allen anderen Tieren dieser Erde unterscheidet. Und niemand ist so sehr Mensch wie Claudia Stöckl. Ist »Hä?« der Beginn der Evolution des Fragens, dann ist Claudia Stöckl die Krone der Interview-Schöpfung.

Ich selbst hatte achtmal das Vergnügen, mich im Dschungel von Claudia Stöckls Fragen gemeinsam mit meinen Emotionen und Erinnerungen verlaufen zu dürfen. Aber sind es nicht ebendiese Umwege, die wir manchmal machen, die uns zu neuen Gefilden unseres Selbst bringen? Ich saß da vor dem Mikrofon, eingebettet in liebevolles Verständnis und zärtlich fordernde Neugier, und hörte mich über Intimstes sprechen. Plötzlich habe ich die Wahrheit nicht mehr mit einem Scherz, einer Pointe verkleidet, sondern ließ sie nackt und ehrlich durch den Raum gleiten. Schließlich waren wir ja allein, nur Claudia und ich ... ach ja, und dann auch noch fast eine Million Zuhörer.

Keine Frage, dass man nach den zwei bis drei Stunden, die diese Operation an der offenen Seele dauert, verunsichert ist, sich denkt, man hat eigentlich nur dummes Zeug geredet, zu viel von sich preisgegeben und war komplett unlustig, außerdem wird es sich allen offenbaren, was für ein bedeutungsloses Mitglied der Gesellschaft man ist. Aber dann, wenn dann der Sonntagvormittag, an dem man »gesendet« wurde mit der Stöckl, wenn der dann vorbei ist – dann erhält man eine Woche lang ausschließlich Komplimente. Wie toll das Interview war. Was man für g'scheite Sachen gesagt hat. Wie sympathisch man rübergekommen ist.

Und wir alle, die wir bei ihr in der Sendung waren, wir alle wissen, das ist nicht unser Verdienst, dass ist die Fähigkeit von Claudia Stöckl, das klare Wasser unserer Antworten in edlen Wein zu verwandeln.

In diesem Sinne: Ihnen, liebe Leserin, lieber Leser, viel Vergnügen bei der Lektüre.

Und Dir, Claudia, tausend Dank.

Dein Nia!

# Vorwort

Mein Entschluss, dieses Buch zu schreiben, ist das Resultat einer Bewegung. Nein, nicht einer solchen, wie sie in der Politik immer öfter aufkommt. Nicht jener, wie sie Emmanuel Macron oder Sebastian Kurz im Wahlkampf für sich beanspruchten.

Es war im Jänner 2017, zum 20-Jahr-Jubiläum von »Frühstück bei mir«: In einer dreistündigen Spezialsendung präsentierte ich die berührendsten, emotionalsten, aufregendsten Passagen aus den zwei Sendungsjahrzehnten. Wochenlang hatte ich Interviews durchgehört, um die Highlights zu finden: Falco sprach da über Krise und Entwicklung, Udo Jürgens über Glück oder Alex und Angela Pointner über den langen Abschied von ihrer Tochter. Mein lieber Kollege Andi Knoll führte durch diese Spezial-Sendung, damit auch ich einmal die Befragte sein und das Erlebte einordnen konnte – tausende »Radio-Frühstücke« lagen hinter mir, ein langer Weg mit zehntausenden Tassen Kaffee und hunderttausenden klugen, bereichernden, witzigen Sätzen, Ansichten über das Leben, die ich bei großen Persönlichkeiten erfragen und Sonntag für Sonntag mit einer Million Ö3-Hörern teilen durfte.

Die Bewegung rund um dieses Jubiläum entstand für mich dann innen drin, eine Form der Rührung und auch des Staunens bei diesem ausführlichen Blick zurück. So oft erlaube ich mir die Betrachtung der Vergangenheit ja nicht, geht es doch Woche für Woche schnurstracks weiter, Augen und Gedanken klar nach vorn gerichtet, immer den nächsten Sonntag als Ziel im Blick. Aber diesmal, rund um das Jubiläum, wurde mir wieder bewusst: So viel Wichtiges ist in »Frühstück bei mir« gesagt worden. So viel, das verdient, erinnert zu werden. So viel Wertschätzung, die ich auch immer wieder rund um die Sendung erfahre. So viele Hörer, die mich wissen lassen, dass ihnen der Sonntagvormittag auf Ö3 etwas bedeutet, ein besonderes Ritual voll Neugierde, *was heute wieder kommt*. Hörer, die meinen, dass die Gespräche am Frühstückstisch mehr sind als ein Geplaudere im Radio, während die Kaffeemaschine läuft. Dass viele Sätze hängen bleiben und oft auch Wegweiser sind für eine neue Richtung, die es einzuschlagen gilt, oder einfach helfen, manches zu verstehen.

Die Fülle des Lebens begegnet mir in jedem meiner Gäste, deshalb heißt dieses Buch »Interview mit dem Leben« – ihre Erzählungen schildern das, was uns das Leben sagen will. So wie der große Psychiater und Philosoph Viktor E. Frankl meinte: *Nicht wir stellen Fragen – wir erleben uns als die vom Leben Befragten.* Es liegt an uns, die Antworten zu finden, zu übersetzen, was wir erfahren. Auch meine Erlebnisse haben mir dabei geholfen. Diese persönlichen Aspekte sollen in dem Buch nicht fehlen, und ich schildere für jede Lebensfrage auch meine Gedanken und Schlüsse.

Das Buch zu schreiben, neben den vielen Stunden, die nötig sind, die wöchentlichen Sendungen entstehen zu lassen, und meiner ehrenamtlichen Arbeit für mein Hilfsprojekt »ZUKI – Zukunft für Kinder«, war eine große Herausforderung, es hat viel länger gedauert als angenommen. *Das kommt davon, wenn man zu viel will im Leben,* hat Ex-Politiker Matthias Strolz vor kurzem am Ö3-Frühstückstisch zu mir gesagt. Er sprach eigentlich über sich, aber auch ich fühlte mich erkannt in diesen dutzenden Ideen, die täglich im Kopf schwirren und auf Verwirklichung warten, auch das ist ein Satz, der bei mir hängen geblieben ist. Nicht zu viel wollen, sondern das Richtige wollen, darum geht es. Und das Richtige ist dieses Buch zweifellos.

Jetzt will ich allerdings nur noch eines: dass es Ihnen Freude bereitet, in die Erzählungen des Lebens einzutauchen. Dass Sie besondere Sätze erkennen, möglicherweise auch Ihre Antworten finden. Dass vielleicht auch eine Form der inneren Bewegung bei Ihnen entsteht.

Was sollen Ihre letzten Worte sein? Diese Frage steht immer am Ende von »Frühstück bei mir«, und ORF- Generaldirektor Alexander Wrabetz meinte da: *Ich möchte nicht wie Simón Bolívar sagen: »Ich habe das Meer gepflügt.« Ich würde mir wünschen, dass etwas von dem, was ich gemacht habe, bleibt.*

Hier ein paar Seiten, die vielleicht bleiben, als Erinnerung an meinen langen Weg. Ich bedanke mich bei allen meinen »Frühstücks«-Gästen (auch jenen, die aus Platzgründen nicht im Buch vorkommen), die eine, oft auch mehrere Etappen mit mir darauf zurückgelegt haben. Die mit mir und uns geteilt haben, wie das Leben zu ihnen spricht. Und natürlich bei Ihnen allen, die zuhören.

Ihre Claudia Stöckl

**BOGDAN ROSCIC:** »Nicht das Falsche zu wollen ist – fast – alles im Leben.« **ULI BREE:** »Du kannst dich entscheiden, ob dein Leben ein Sofa ist oder eine Expedition.« **KLAUS MARIA BRANDAUER:** »Meine Eltern haben mich immer liebend überschätzt. Daraus resultierte mein unerschütterliches Selbstbewusstsein, und das war sehr hilfreich für meinen Weg.« **HARALD SCHMIDT:** »Akzeptiere Kritik nur von den Allerbesten ist ein guter Rat für den Start.« **MARINA HOERMANSEDER:** »Ich poste vor dem Einschlafen, nach dem Aufwachen, auch viel in der Nacht.« **NELE NEUHAUS:** »Das Schreiben hat mir den Mut für den neuen Anfang gegeben und die Perspektive: ›Ich kann was.‹ Ich kann auf eigenen Beinen stehen, ich bin mehr als nur die Ehefrau.«

# Wie startet die Expedition?

Der Tisch war rund und mit dunkelgrünem Leder verkleidet. An dem saß ich, ahnungslos und neugierig, was auf mich zukommen würde, an diesem Septembertag 1996. Ich war 29 und hatte mein Arbeitsbienen-Dasein mit zwei Jobs, als »NEWS«-Leute-Redakteurin bei Tag und Ö3-Society-Reporterin bei Nacht, schon erstaunlich lange durchgehalten. Jetzt hatte mich also Bogdan Roščić, der neue Chef von Ö3, in sein Büro gebeten. Er blickte mich vielsagend an.

*Es geht um den Ö3-»Wecker«*, ließ er sofort die Bombe platzen, wohl wissend, dass diese Sendung bei Ö3 nicht an Bedeutung zu überbieten war, und das ist bis heute so geblieben. Die Wucht der Ansage wurde etwas gemildert, als Roščić präziser wurde: *Es ist der »Wecker« am Sonntag, über den ich mit dir sprechen möchte.* Die Reichweiten an einem Sonntag waren natürlich geringer als die zwei Millionen täglicher »Wecker«-Hörerinnen und -Hörer unter der Woche. Trotzdem klang das alles aufregend, und noch aufregender war, dass ich ein Teil davon werden sollte. Mein neuer Chef spannte mich nicht lange auf die Folter: *Wir wollen den »Wecker« am Sonntag umgestalten und eine Interviewsendung daraus machen. Und hier kommst du ins Spiel: Ich möchte gerne, dass du sie gestaltest und moderierst.* Ich war überrascht, moderiert hatte ich ja noch nie, Interviews geführt natürlich schon hunderte, große wie kleine, für Print wie Radio, und war von dieser Aufgabe immer fasziniert gewesen. Roščić holte aus, erklärte die nächsten Schritte, dass ich Schulungen bekommen würde und mich zuerst als Moderatorin in der Nacht beweisen müsste. Er zeichnete sein Bild dieser Sendung in den Raum, nämlich dass ich diesen Gesprächen meinen persönlichen Stempel aufdrücken sollte, und er verriet mir den Titel, der ihm vorschwebte: »Frühstück bei mir«. Ich war mäßig begeistert. Das klang mir dann doch etwas zu intim, wer war mit dem »bei mir« jetzt genau gemeint? Die Idee, mit dem Gast das Frühstück zu teilen, fand ich dann doch sehr gut, und es hat sich als wunderbar nützlich erwiesen, um eine besondere, oft herzliche und gelöste Atmosphäre aufzubauen.

*Interessiert dich diese Aufgabe?*, fragte Roščić. *Ja!*, sagte ich entschlossen. *Möchtest du es probieren?*, fragte er weiter. *Ja natürlich!*, war ich mir sicher, ich wusste, es war einer dieser Momente, in denen es nur »Ja« als Antwort gab. Jetzt war der Moment, einen Schritt weiter zu gehen, Neues auszuprobieren, und zum geglückten Start gehörte dieses entschlossene »Ja«. So wie mir Attila Dogudan später in »Frühstück bei mir« erzählen sollte, als ihn Niki Lauda in den Achtzigerjahren bei ihrer ersten, zufälligen Begegnung in der Disco »Take Five« fragte, ob er das Catering seiner neuen Airline übernehmen wollte, gab es für ihn auch nur dieses »Ja«. Dogudan, damals Leiter eines kleinen Delikatessengeschäfts in der Wiener Innenstadt, das er am Anfang nur mit einem Darlehen von seinem Vater finanzieren konnte, hatte zu jenem Zeitpunkt natürlich keine Ahnung von der Logistik einer Flugzeugküche, doch er sagte zu mir: *Es gibt Chancen, die man einfach ergreifen muss.* Und so war es bei mir damals im Büro des Ö3-Chefs im Wiener Funkhaus auch. »Frühstück bei mir« lief dann auch ein halbes Jahr im Zuge des Sonntags-»Weckers« von sieben bis neun Uhr, bis es im Sommer 1997 in die eigentliche Sonntags-Primetime, von neun bis elf Uhr verschoben wurde, und dort darf ich bis heute besondere Begegnungen wiedergeben.

Jetzt, im Zuge des Verfassens dieses Buches, also fast 22 Jahre später, rief ich Bogdan an und fragte ihn, was ihn damals eigentlich bewogen hatte, mich auszusuchen. Es ist interessant, dass ich mir die Frage damals so gar nicht gestellt habe. Es war die Zeit des Aufbruchs, ich galoppierte gleich los, und sobald ich mittendrin in dieser Aufgabe war, ging es darum, Woche für Woche etwas Besonderes zu liefern, und an diesem Anspruch hat sich über all die Jahre nichts geändert. Ein Telefonat war das zwischen Wien und Berlin, ein Beamen in einen anderen Lebensabschnitt, mehr als zwei Jahrzehnte zurück, und trotzdem kam die Antwort des »Frühstück bei mir«-Erfinders sofort, klug und tiefgründig wie immer:

*Ich glaube, ich habe vor allem gespürt, dass du ein wirkliches Interesse an anderen Menschen hast. Das ist ja nicht selbstverständlich, die meisten sehen andere eher als Mittel zum Zweck oder als Hindernis. Spannender wird es, wenn man es schafft, zu verstehen, dass wir alle sozusagen ein Schluck aus derselben Flasche sind. Jeder muss die Aufgabe des Lebens irgendwie lösen, und viele deiner Gäste tun das auf besonders interessante oder sogar lehrreiche Art und Weise. Das bekommt man aus ihnen aber nur heraus, wenn man mit hoher Qualität arbeitet und wirklich etwas über sie wissen will, mit dem Voyeurismus einer sogenannten »Prominentensendung« hat das nichts zu tun. Das war jedenfalls das Ziel damals.*

Der relativierende Nachsatz ließ nicht lange auf sich warten, Roščić betrachtete gern alles aus den verschiedensten Perspektiven: *Ob du es schaffen würdest, wusste ich damals natürlich nicht.* Doch warum schafft es der eine und der andere nicht?, fragte ich da gleich, schließlich war aus dem ehemaligen Ö3-Chef ein erfolgreicher Musikmanager geworden und wird in zwei Jahren der Direktor der Wiener Staatsoper werden. Wie ist seine Expedition gelungen? Bogdan meinte zurückhaltend: *Das kann man an den Stationen eines Lebens ja nicht unbedingt ablesen, ob die Expedition gelungen ist oder nicht. Aber was das Berufliche betrifft, habe ich nicht über Dinge wie »Karriere« nachgedacht, sondern wollte immer etwas ganz Konkretes machen. Oft aus der Überzeugung heraus: So geht das nicht, ich mache es anders.* Und auch hier folgte die Relativierung auf den Fuß: *Vielleicht habe ich aber auch oft missverstanden, was ich wirklich will.* Und noch eine Wahrheit schenkte er mir da: *Nicht das Falsche zu wollen ist – fast – alles im Leben.*

Der Startschuss für ein großes Abenteuer war für mich dieses Gespräch 1996 im Chefbüro, und ich möchte mich in diesem Kapitel eben dem Anfang, dem Aufbrechen, dem Gefühl zu Beginn widmen, dessen Natur den weiteren Weg bestimmt. Meistens ist es eine Mischung aus Mut und Zweifel, doch wenn alles dominiert wird von der Leidenschaft und inneren Überzeugung für diesen Weg – diese Antwort hat mir das Leben bereits gegeben –, wird ein Gelingen der Mission sehr wahrscheinlich.

Der beherzte Aufbruch ist immer Konsequenz einer Entscheidung. Uli Brée, Autor der ORF-Erfolgsserie »Vorstadtweiber«, der als Jugendlicher von seiner Heimat in Nordrhein-Westfalen aufgebrochen, per Autostopp nach Amsterdam und weiter nach Wien gekommen war, formulierte das so treffend bei mir:

*Ich hatte das Gefühl, ich versaure im Ruhrpott, und wusste bereits mit 17 ganz stark, dass mein Leben ein Abenteuer werden sollte. Für mich ist ein großes Thema: Du kannst dich immer entscheiden, ob dein Leben ein Sofa ist oder eine Expedition, jeder von uns kann das ganz klar entscheiden, und ich habe mich eben für die Expedition entschieden. Ich weiß, die Expedition ist schwierig und anstrengend, aber du kommst auch an Orte in deinem Leben, die du nie erlebt hättest, wenn du am Sofa geblieben wärst.*

Auch ich startete mit »Frühstück bei mir« eine Expedition, die viele Abenteuer in sich barg, in Wahrheit ist jedes Interview ein Zusammentreffen mit ungewissem Ausgang. Der Anfang ist ähnlich, im Leben wie am Frühstückstisch: Man setzt sich hin, mit seinen Talenten, mit seiner Kraft und den besten Vorsätzen. Dann drückt man auf »Record«. Und die Sache nimmt ihren Lauf.

Wer hat bei mir also besonders beeindruckend diese Zeit des Aufbruchs beschrieben, mit Erkenntnissen, die wir übernehmen können? Wir reisen nach Köln, in ein nobles Hotel mit Blick auf den mächtigen Dom. TV-Star Harald Schmidt gehörte zu der Gattung jener Gäste, die auf meiner Wunschliste immer ganz oben waren, sich aber besonders lange bitten ließen – noch einige davon werden Ihnen in diesem Buch begegnen, auch Hartnäckigkeit gehört zu meinem Beruf. Auch im April 2001, als ich die

ROMY-Gala in der Wiener Hofburg für das ORF-Fernsehen moderierte, steuerte ich auf Schmidt zu, der als Laudator gekommen war, mit der Einladung in meine Sendung. *Klar, für Sie mache ich das,* sagte Schmidt sofort in der Rolle des »good cop«, wie so oft bei Stars gab es dann aber auch den anderen Part. Seine Managerin fungierte als »bad cop«, die mir weitere 13 Jahre lang Absagen lieferte. Erst anlässlich von Schmidts Abschied als Late-Night-Talker im Jahr 2014 kam es zu unserem längst fälligen Zusammentreffen. Ich fühlte im Vorfeld eine gewisse Anspannung: So einen scharfen Denker, der gleichzeitig ein schamloser Pointenschleuderer war, am Frühstückstisch zu haben war eine Herausforderung. Auch Comedian Michael Mittermeier hatte bei mir gesagt: *Harald Schmidt ist definitiv der spontanste und intelligenteste Mensch, der je auf deutscher Bühne gestanden ist.* Wahrlich eine Vorgabe, mit so einem Wort-Kapazunder ein Interview zu führen.

Der 1,94 Meter große Deutsche kam allein und war von Beginn an herzlich, stand geduldig mit mir am Balkon für Fotos mit dem Kölner Dom im Hintergrund, bewunderte das delikate Frühstücksmenü am Tisch und staunte ehrlich, als ich ihn gleich zu Beginn wissen ließ, dass »Frühstück bei mir« – zum damaligen Zeitpunkt – bereits 17 Jahre lief. *Das ist internationales Standing, wirklich,* meinte er anerkennend, und als ich lachend einwarf: *Da kann ich doch wirklich schon mit den Großen mithalten,* sagte er charmant: *Sie sind selber eine.* Er wusste ja am allerbesten, was es hieß, Woche für Woche ein solches Sendungsprodukt »rauszuhauen«, wie er es nannte. 19 Jahre lang war er der Late-Night-Talker Deutschlands, auf verschiedensten Sendern, auch als die Quoten bereits im Sinkflug waren, sorgten seine Gags weiter für Gesprächsstoff. Doch was hat seinen Anfang, zuerst als Kabarettist und Schauspieler auf Kleinstbühnen, dann begleitet von Auftritten beim Fernsehen, ausgezeichnet?

Ich war mit einem Zitat aus einem Zeitungsinterview gekommen und legte es Schmidt auf den Frühstückstisch. Er hatte gesagt: *Ich habe vor dem WDR gezeltet und der Redakteurin in der Tiefgarage aufgelauert mit meinen Sketchen in der Hand.* Ist das eine wahre Geschichte, Herr Schmidt?

Schmidt: *Nahezu, jedenfalls habe ich Klinken geputzt bis zum Gehtnichtmehr. Und jede Chance ergriffen, die sich mir geboten hat. Und eines war klar: Ich wusste, ich werde der große Entertainer! Das klingt unerträglich, aber ich kann's nur sagen, es war so. Der Glaube an mich war unerschütterlich.*

Eine Ansage, die sich durch meine Interviews zieht. Der Glaube an sich und das, was man kann, ist ein Grundstock für das gelungene Unternehmen. Auch Klaus Maria Brandauer hatte bei mir gesagt: *Meine Eltern und Großeltern haben etwas gemacht, was mir von Vorteil war: Sie haben mich immer liebend überschätzt. Daraus resultierte mein unerschütterliches Selbstbewusstsein, und das war sehr hilfreich für meinen Weg.*

Schmidt bezeichnete sein Selbstbewusstsein als *pathologisch, aber was soll's* und verspeiste mit Genuss den Räucherlachs mit Krenobers, der auf dem Frühstückstisch hübsch in einer Etagere angerichtet war. Sein komisches Talent hatte er bereits als Jugendlicher entdeckt:

*Wenn ich zu Hause Witze gemacht habe, beim Kaffeetrinken mit 14, hat immer der ganze Tisch gelacht. Und wenn es Ihnen dann gelingt, das Zimmer, den Saal immer größer werden zu lassen, dann sind Sie mittendrin im Beruf des Comedians, mehr ist es ja nicht.*

*Wann war Ihnen klar, dass Sie von Ihrem Talent auch beruflich profitieren und draus eine Karriere machen können?*

Schmidt: *Ich wusste sehr bald, dass ich großer Kabarettstar werden wollte und dass ich das Fernsehen als PR-Plattform brauchen würde. Ich brauchte es, um bekannt zu werden, damit die Leute ins Kabarett kommen. Und dann hat sich daraus eine eigen-*

*ständige Fernsehlaufbahn entwickelt. Ich meine, ich hab ja dann im silbernen Spencerjäckchen die Show »50 Jahre deutscher Schlager« moderiert aus der Sporthalle Böblingen mit dem Stargast Roy Black. Ich habe alles moderiert: Naturschutzsendungen, Blumenschauen, alles. Und ich wurde fürchterlich mit Häme zugekübelt von den Kabarettisten, aber es ging natürlich ganz schnell weiter, weil ich einfach frei reden konnte. Ich brauchte keinen Autor, der mir die Sachen aufschrieb, ich brauchte keinen Teleprompter und nix. Ich bin einfach komplett angstfrei und frech reingegangen, bei »Verstehen Sie Spaß?« habe ich ganz schnell die Zuschauerzahlen halbiert, aber niemals gezweifelt, was mach ich falsch, sondern ich wusste einfach, dieses Publikum ist noch nicht reif für einen Umerziehungsprozess, ich muss weiter.*

Schmidt enttäuschte bei unserem Frühstück nicht. Rasant legte er mir die Pointen auf den Tisch und bestätigte mir wieder einmal, dass hohes Tempo eine häufige Qualität bei den Besten ist, schnelles Denken, schnelles Begreifen, schnelles Antworten. Wir sprangen leichtfüßig und schnell durch die Themen, er erzählte über Erfahrungen in seiner Late-Night-Show: *Zickig wird es immer, wenn das deutsche Stadttheatertalent kommt mit Managerberater und Pressechef.* Und welche Frau Erotik für ihn ausstrahlen würde: *Sicher nicht die Tittenmonster. Mein Job ist ja voll von Tittenmonstern. Wir haben sie eingeladen in die Show, weil wir wussten, beim trainingsbehosten Single kommen sie gut an, aber für mich selber würde ich Isabelle Huppert vorziehen: 61 Jahre alt und ein Quell der Fantasie.*

Der damals 57-Jährige stand gerade am Anfang eines neuen Lebensabschnitts, seine Late-Night-Show auf Sky war gerade abgesetzt worden, angstfrei blickte er nach zweieinhalbtausend Sendungen mit guter Gage in die Zukunft. Und es gab viele Learnings, die er denen, die anfangen, weitergeben konnte – zum Beispiel *Kritik nur von den allerbesten zu akzeptieren.* Schmidt sagte:

*Ich habe 3000 Auftritte als Kabarettist hinter mir, bin seit 35 Jahren durch jedes Hinterzimmer gekrochen. Theater die Gurke, Theater in der Pfeffermühle, Theater in der Kaffeemühle, Theater in der Malzmühle. Es gibt wirklich, glaub ich, in Deutschland kein Damenklo, wo ich nicht 'ne Pappnase aufhatte. Wie's schlecht geht, weiß ich selber. Das muss mir keiner sagen, der einmal beim Karneval eine Feder im Popo hatte und glaubt, dass er Gags kritisieren kann.*

*Also was würden Sie heute einem 18-Jährigen sagen, der vorhat, der neue Harald Schmidt zu werden?*

Schmidt: *Ich würde sagen: »Glaub an dich! Leg los, und du wirst es früh genug merken, wenn die Wand kommt, gegen die du rast.« Was anderes gibt's nicht! Der Glaube an sich selbst ist so wichtig. Und der Glaube an das, was ich mache, kam immer daraus, dass ich auf jedem Gemeindefest die Bestätigung hatte, wenn ich anfange, die Leute nachzumachen, wird gelacht. Wenn gelacht wird, hat der Comedian recht! Und dann kommt es dahin, dass Sie auch recht haben wollen, wenn nicht gelacht wird. Das führt dann dazu, dass Ihre Sendung eingestellt wird, aber das ist dann auch okay. Dann müssen Sie halt was anderes machen.*

Über drei Stunden saßen wir da, der Entertainer dachte noch über seine Zukunft nach, er war entspannt und hatte Zeit, man merkte, dass der Stress des tagesaktuellen TV-Betriebs gewichen war. Doch wie sehr unterscheidet sich ein Karrierestart heute von dem vor 35 Jahren, also damals, als Schmidt begonnen hat? Fernsehredakteurinnen in Tiefgaragen aufzulauern ist schon lange nicht mehr notwendig, um eine PR-Plattform zu bekommen, das Internet hat neue Möglichkeiten geschaffen, um der Welt von seinen Ideen und Projekten zu berichten. So nehmen schon längst Menschen mit neuen Berufen an meinem Frühstückstisch Platz – Start-up-Gründer, Bloggerinnen – und erzählen, wie ihr Start glückte. Manches ist neu dabei, anderes wird immer so bleiben.

Wir reisen zu Marina Hoermanseder, einer jungen Designerin aus Wien, die 2013 in Berlin ihr eigenes Label gründete, im Herbst 2015 bekam sie bereits den Modepreis der Stadt Wien, eröffnete die Vienna Fashion Week mit einer großen Show, und wir vereinbarten kurz darauf ein Interview bei ihr zu Hause in Berlin-Kreuzberg. Für unser Gespräch musste ich nach meiner Ankunft in Berlin-Tegel noch eine unliebsame Situation bewältigen: Mein Trolley, in dem Aufnahmegerät und Mikrofone waren und den ich ausnahmsweise eingecheckt hatte, um die langwierigen Sicherheitskontrollen nicht absolvieren zu müssen, war nicht am Förderband, und kurzzeitig sah es so aus, als könnte ich das Interview gar nicht machen. Nach einer unruhigen halben Stunde in der Warteschlange des Lost & Found tauchte er Gott sei Dank auf, man hatte ihn zum falschen Terminal geliefert. Erleichterung! Auch hier zeigt sich, dass jede Sendung ein neuer Anfang, ein eigenes Projekt ist – manchmal mit unerwarteten Hürden.

Marina hatte geduldig und sehr verständnisvoll zu Hause auf mich gewartet. Ihre Wohnung passte zu der Gegend des Künstlerbezirks Berlin-Kreuzberg, Vintagemöbel, viel Rosa überall, und das große Faible der Designerin für den »Hello Kitty«-Look war deutlich zu sehen: Vom Toaster bis zu den Hausschlapfen war alles verziert mit dem Katzengesicht. *Es ist vielleicht auch die Sehnsucht, seine Kindheit immer bei sich haben zu wollen, auch in einem Erwachsenenleben,* kommentierte die damals 29-jährige Designerin das Styling ihrer Wohnung, das sie mit »Barbie-Look« zusammenfasste. Um den Anfang als Mode-Unternehmerin zu wagen, hatte sich Hoermanseder eine solide Basis geschaffen: das Studium der Betriebswirtschaftslehre auf Wunsch ihrer Eltern erfolgreich an der WU Wien absolviert und, weil die Arbeit in der Modebranche immer ein Ziel war, sich dann im Londoner Atelier von Modestar Alexander McQueen für ein Praktikum beworben. Prompt wurde sie genommen. Ein ziemlich harter Start: *Wir arbeiteten jeden Tag 18 Stunden,* fünf Monate *lang. Und wenn etwas nicht ganz perfekt war, mussten wir alles wieder auftrennen – bis man dort zufrieden war. Das war selbstverständlich. Da habe ich gelernt, wirklich genau zu arbeiten.*

Nach der Lehrzeit in London ging es Schlag auf Schlag: Hoermanseder zog nach Berlin, gründete im November 2013 ihr erstes Modelabel, 2014 präsentierte sie ihre erste eigene Kollektion auf der Berliner Fashion Week, der Lederstriemen-Rock war schon bald ihr »Icon Piece«, also das Kernstück ihrer Kollektion, die Schnalle das für sie typische Detail. *Ich bekomme immer wieder die Nachricht: Wer die Schnalle sieht, denkt an das Label Marina Hoermanseder,* freute sich die taffe Modemacherin bei mir: *Das ist toll! Denn: Karl Lagerfeld hat gesagt: Um erfolgreich zu sein, braucht man ein gutes Logo – und ein Wiedererkennungsmerkmal.*

Eine starke Marke zu werden – das ist das Ziel. Wie auch Madeleine Alizadeh, die als Bloggerin den Namen DariaDaria gewählt hatte, bei mir verriet: *Ich wollte einen Namen, den sich die Menschen sofort merken.* Wir bleiben aber bei der besonderen Atmosphäre des Anfangs, die Marina Hoermanseder so feurig beschrieb. Wie erklärte sie sich, dass ihr der Durchbruch so schnell gelungen war?

Hoermanseder: *Es war der totale Sprung ins kalte Wasser, als ich die erste Kollektion für die Berliner Fashion Week gemacht habe; auch ziemlich ohne Mittel. Da gab's kein Atelier, da gab es keine Mitarbeiter, wir haben wirklich alles in der Wohnung, in der Küche, wo wir sitzen, gemacht, hier am Boden sind wir gesessen, wirklich nächtelang mit Freunden von mir, die untertags normal gearbeitet haben und in der Nacht gekommen sind und mit mir hier kilometerlange Lederstriemen poliert haben. Wir haben alle daran geglaubt, das war besonders wichtig, mein Vater hat mich ja mit einem Leitsatz geprägt, der bis heute zählt: »Der Meister brilliert in der Knappheit der Ressourcen.«*

Was zählt für diesen Aufbruch noch? Risikobereitschaft, Mut, eine gute Idee, ein bestimmtes Kapital und ein tolles Team waren die Ingredienzien von Florian Gschwandtner, der mit der Fitness-App »Runtastic« ein weltweit erfolgreiches Unternehmen schaffen konnte. Außerdem zählt auch hier das richtige Tempo, das fügte Hoermanseder noch hinzu:

*Das Feedback war so gut und die Nachfrage nach dieser ersten Kollektion so groß, wir konnten gar nicht anders, als zu produzieren. Man muss das Eisen schon schmieden, solange es heiß ist. Deswegen haben wir da seit der ersten Kollektion alle Register gezogen und durchgehauen Tag und Nacht. Am Anfang haben die meisten auch gearbeitet, ohne etwas zu verdienen, alles, was reinkam, wurde sofort wieder investiert. Ich sagte mir: Bevor ich mir etwas kaufe, kaufe ich mir eine Nähmaschine fürs Atelier. Also man muss auch sich selbst zurückstellen können. Für mich war von Anfang an klar: Ich mach das jetzt, ich hau jetzt für ein paar Jahre rein und bin mir selbst nicht das Wichtigste.*

Social Media – ein wichtiger Faktor für den Durchbruch der Designerin. Wie auch beim Pop-Duo Pizzera & Jaus, deren Video zu ihrem Song »Jedermann« bereits zehntausende Male geklickt worden war, bevor er ins Radio gekommen ist. *Weil wir viel Kreativität und auch Geld in das Video gesteckt haben. Und unser YouTube-Kanal war dann unsere erste Plattform. So ist es möglich, eigenständig ein großes Publikum zu schaffen,* hat Paul Pizzera bei mir beschrieben. Neue Medien zu nützen macht Karrieren. Hoermanseder verbreitete die Looks ihrer Kollektion via Instagram, und als der Stylist von Pop-Superstar Lady Gaga einige Teile bestellte, war ihr Durchbruch endgültig da. In ihrer hellen Küche, mit Blick auf einen liebevoll gedeckten Tisch, wo selbst winzige Marmeladeportionen in eigenen Schälchen angerichtet waren, erinnerte sich Hoermanseder daran:

*Für mich war das einfach nur dieser Name – Lady Gaga hat bestellt. Also, als ich diese E-Mail bekommen hab, war das für mich so: »Oh mein Gott! Der Wahnsinn!«, und ich habe die Teile nach*

*New York geschickt. Und dann ist es schon so ein Dominoeffekt. Also Lady Gaga trägt's, und dann hat's Rihanna gesehen, und Rita Ora hat bestellt, die Stylisten untereinander – da kennt sich ja auch jeder. Das geht dann irgendwie Schlag auf Schlag, das ist unglaublich viel wert. Die Stylisten der Celebrities schicken mir mittlerweile Screenshots von Instagram mit den Teilen, die sie haben wollen.*

Eines ist klar, auch das von Anfang an: Wer sich der sozialen Medien bedient, darf schon gar nicht auf die Uhr blicken. So »füttert« Hoermanseder ihren Instagram-Account selbst – jenseits normaler Arbeitszeiten: *vor dem Einschlafen, beim Aufwachen, ich poste auch viel in der Nacht, um den amerikanischen Markt zu erreichen. Es ist auch nicht unwichtig, private Sachen dazwischen zu posten, den Hund oder ein Selfie von sich selber, das hab ich mir auch sagen lassen von einem Social-Media-Profi. Das neutralisiert diese Werbeplattform, die's für uns eigentlich ist.*

Nicht immer ist es aber die Vision einer großen Karriere, die zu einem neuen Anfang bewegt. Manchmal ist es auch in einer Rebellion begründet, einer Unzufriedenheit. So möchte ich mich abschließend der Geschichte von Nele Neuhaus widmen, der derzeit erfolgreichsten Krimiautorin Deutschlands, die viele Jahre hauptberuflich in der Fleischwarenfabrik ihres ersten Mannes arbeitete. Ich traf sie zum ersten Mal als Moderatorin der großen Messe »Buch Wien«, ihr Verlag hatte mich engagiert, Neuhaus dort auf der Bühne zu interviewen, sofort war ich von ihrer Herzlichkeit und Offenheit begeistert.

Mein Vorschlag bei Ö3, die Schriftstellerin auch ins Frühstück zu laden, wurde begrüßt, so besuchte ich Neuhaus wenig später in ihrem Haus im Taunus, wo sie ja auch ihre Krimis ansiedelt. Das Schreiben begleitete sie seit ihrer Kindheit, die blonde Meisterin der Krimi-Spannung schwärmte: *Ich schreibe einfach gerne, auch jetzt schreib ich in jeder freien Sekunde Sachen, die wahrscheinlich nie veröffentlicht werden, einfach nur für mich.* Der Impuls, ihr

Werk an die Öffentlichkeit zu bringen, kam mit ihrem Erstling »Unter Haien« 2005. Alle, denen sie den Krimi im New Yorker Bankermilieu zu lesen gab, ermutigten sie, nur ihr Ehemann, der Fleischfabrikant, der um 20 Jahre älter war, konnte mit dem Buch nichts anfangen:

*Er hielt diese Schreiberei für völligen Käse und hat mir das auch immer wieder gesagt: »Mach doch was Gescheites ... und sitz nicht da am Computer rum.« Ich glaube, diese defätistische Haltung von ihm, die war auch ein Auslöser dafür, dass ich gesagt hab, ich möchte jetzt dieses Buch veröffentlichen.*

Ihr Aufbruch war aus der Ablehnung ihres Mannes entstanden, dem Willen, es jemandem zu beweisen. Das ist sehr oft ein Motor, um weiterzugehen und sich einem neuen Anfang zu widmen. Alle Verlage lehnten ihr Manuskript ab, schließlich ließ sie 500 Stück von »Unter Haien« auf eigene Kosten drucken, lagerte sie in der Garage und verkaufte einen Teil der Krimis, gemeinsam mit den Wurstwaren, selber. Eigeninitiative prägte auch ihren Aufbruch und ist immer ein Schlüssel für den gelungenen Anfang.

Neuhaus: *Dann habe ich auch eine Buchpremiere organisiert, hab wirklich alle Leute eingeladen, die ich kannte, einen Saal gemietet, und dann waren schon mal die Bücher weg. Und das werd ich nicht vergessen, da sagte mein heutiger Ex-Mann damals: »Gott sei Dank, es ist vorbei.« Er konnte ja nicht ahnen, dass das der winzige Anfang von etwas viel Größerem wurde.*

Wir saßen in ihrem Haus im Taunus, zwölf Minuten von den Hochhäusern des Finanz- und Wirtschaftszentrums Frankfurt entfernt, blickten in den Garten, überall blühten die Apfelbäume. Neuhaus' neuer Partner Matthias Knöß, der mich in ihrem Haus empfangen hatte, war ein weiterer Bote ihres neuen Lebens, und die Bestsellerautorin, deren Bücher mittlerweile in 20 Sprachen übersetzt werden, sinnierte, warum sie 16 Jahre lang in einer Ehe, die schon längst unglücklich war, verhaftet blieb:

*Die Schreiberei hatte vieles wettgemacht, ich habe mich damit in Fantasiewelten geflüchtet und lange die Augen verschlossen, wie die Situation wirklich ist. Irgendwann hab ich aber ganz klar gemerkt, die Liebe war weg. Manchmal denke ich, es war die Rache des Schicksals, dass dieser Erfolg in einem ganz anderen Bereich gekommen ist, den mein damaliger Mann am liebsten verhindert hätte, er wollte ja nicht, dass ich schreibe. Dieser Erfolg hat jedenfalls dazu beigetragen, dass ich auf eigenen Füßen stehen kann. Dann sagte ich zu ihm:* »*Ich hab dich jahrelang aufgefordert, ändere was, und du tust es nicht, und jetzt ändere ich eben was.*«

*Und wie hat sich Ihr neuer Anfang angefühlt?*

Neuhaus: *Von einem Tag auf den anderen war eben alles weg – selbst gewählt, ich wollte ja weg und bin gegangen. Es war schwieriger zu verkraften, als ich es geglaubt hatte, dass man aus einem Leben rausgeht, das man 24 Jahre geführt hat, und wirklich alles hinter sich lässt: Haus, Möbel, Kleider, egal was, ich hab den Hund, den Computer und die wichtigsten Klamotten mitgenommen. Aber das Schreiben hat mir den Mut für den neuen Anfang gegeben, und Perspektiven, nämlich die Perspektive:* »*Ich kann was.*« *Ich kann auf eigenen Beinen stehen, ich kann mich auch selbst ernähren, und ich bin mehr als nur die Ehefrau. Ich hab ein eigenes Talent und eine eigene Fähigkeit, und ich hab ein Jahr gebraucht, um dieses neue Leben auch zu akzeptieren, das ich jetzt hab, aber jetzt bin ich allmählich angekommen.*

So unterschiedlich können sich die Anfänge für Lebens-Expeditionen gestalten. Getragen von dem Glauben an sich, gestärkt durch unerschütterlichen Einsatz, manchmal auch motiviert durch Rebellion. Das Ziel ist, dorthin zu gelangen, wo das Gefühl wartet, angekommen zu sein. Die Erfahrungen anderer sind oft sehr nützlich für unser Marschgepäck.

**DAVID STEINDL-RAST:** »Dankbare Menschen sind glückliche Menschen.« **UDO JÜRGENS:** »Ich denke nicht, dass die Frage des Glücks entscheidend ist. Viel wichtiger ist es, sagen zu können, dass uns das Leben tief berührt hat.« **GERLINDE KALTENBRUNNER:** »Meine Grenzen zu verschieben, macht mich nicht nur glücklich, es gibt mir auch großes Selbstvertrauen für das nächste Mal.« **THOMAS GOTTSCHALK:** »Ich versuche, jeden Tag ein neues Glück zu finden, und zwar basierend auf der Situation, in der ich gerade bin.« **RICHARD DAVID PRECHT:** »Man denkt sich, Glück wäre die Versammlung von tausend glücklichen Momenten hintereinander – das würde Ihre Psyche gar nicht überleben!«

# Wo beginnt das Glück?

Teile dieses Buches entstehen auf der Insel Lefkas im Ionischen Meer im westlichen Griechenland. In einem spektakulären Haus hoch oben auf einem Hügel, mit weitem Blick in den Himmel und auf das Meer. Auf airbnb hatte ich die Möglichkeit gefunden, dieses luftige Gebäude mit dem Garten voll Olivenbäumen und Tomatenpflanzungen zu mieten. Der Preis war erschwinglich, genau so hatte ich mir mein »writer's paradise« vorgestellt.

Schon auf den Fotos hatte ich gemerkt, dass es anders war – nicht eines dieser üblichen Ferienhäuser, mit gefliestem Boden und Billigmöbeln, damit mögliche Schäden durch rücksichtslose Mieter begrenzt bleiben. Liebevoll eingerichtet war die »Villa Katana«, dunkles Nussholz, Kamin, geschmackvolles Interieur, architektonisch raffiniert gebaut mit vielen gläsernen Durchlässen, die den Blick auf das Meer von hoch oben überraschend oft möglich machten. Überraschend auch, dass die quirlige Haushälterin Nana auf dem Grundstück in einem Wohnwagen lebte, und Stück für Stück offenbarte sie mir die Geschichte des Besitzers.

Kostas war 71 und hatte mit dem Verkauf seiner Textilfabrik vor fünf Jahren gutes Geld gemacht, danach erstand er einen Hektar voller Olivenbäume, nahe dem Dorf Tsoukalades auf Lefkas. Sein Lebenstraum: hier ein Traumhaus zu bauen, ganz oben auf der Spitze, auch wenn dafür viele Hürden zu nehmen waren. Schon die holprige Straße hinauf auf den Hügel war eine Herausforderung für die Lastwagen, die das Material brachten. Doch die Vision vom glücklichen Leben, das dort oben auf ihn wartete, war für den pensionierten Unternehmer stark genug, um alle Probleme zu meistern.

Alles war sorgfältig geplant für diese fantastische Behausung für seinen letzten Lebensabschnitt: Der Pool wurde überdacht, die Terrasse bekam eine Fußbodenheizung – so würde er auch im Winter ganz leicht im herrlichen Wasser seine Runden ziehen können. An verschiedensten Ecken des Gartens stellte er Tische auf, mit Ausblick auf die Klippen, Buchten und das weite Meer. Dadurch ganz sicher bis ans Äußerste inspiriert, wollte er endlich Romane verfassen. Im Keller eine Wohnung für die Gäste und ein großer Fitnessraum, um die Zeit in der Pension für das Pflegen von Freundschaften und auch die Ertüchtigung des Körpers zu nützen.

Dass ich, als zahlende Ferienmieterin, hier auf der Terrasse schreibe, beweist, dass Lebensträume, die das große Glück versprechen, es nicht zwangsläufig bringen müssen. Vor sechs Monaten bezog der vermögende Grieche also nach dreijähriger Bauphase seine Villa – allein, denn sein ganzes Leben hatte er ohne langfristige Bindungen verbracht. Es genügte ihm, seine Haushälterin zum Kochen und Reinigen und für den täglichen Plausch zu haben.

Doch alles fühlte sich anders an als erwartet: Das Schwimmen war beschwerlich – auch wenn der eigens gebaute Infinity Pool dafür bestens geeignet war. Die Tische im Garten blieben ungenützt, denn Kostas fiel nicht ein, was er eigentlich schreiben könnte. Und Freunde gab es kaum, die den Weg zu seinem abgelegenen Reich antreten wollten.

Also beschloss er, für den Großteil des Jahres wieder nach Athen zu ziehen und das Haus, das in seiner Erwartung der Inbegriff allen Glücks gewesen war, an Urlauber zu vermieten. In seiner Erfüllung fühlte sich das vermeintliche Glück alles andere als glücklich an.

Worin liegt also das Glück? Das Leben hat Millionen Antworten darauf parat. Im Zuge meines Publizistikstudiums, das ich als Spätberufene im Alter von 38 nach 18-jähriger Pause zumindest mit dem Bakkalaureat abschloss, habe ich für die Abschlussarbeit das Thema »Die Darstellung von Glück in den Medien« gewählt – ein sehr komplexes Thema, typisch für mich, denn ich habe mir das Leben noch nie leichtgemacht. Ein halbes Jahr lang habe ich dafür neben meiner Arbeit bei Ö3 in fast jeder freien Minute die Glücksschulen der Philosophie und Psychologie studiert, habe Artikel gesucht, Worte gezählt und Zusammenhänge beschrieben, um die mediale Darstellung des Glücksbegriffes wissenschaftlich zu erforschen. Habe mit Platons Einsichten sympathisiert (»Glück liegt in der Einkehr«), auch mit der Philosophie des Augustinus viel anfangen können (»Glück ist Gott haben und da sein für den Mitmenschen«), über John Lockes Oberflächlichkeit den Kopf geschüttelt (»Glück ist ein Höchstmaß an Vergnügen«), den Pessimismus von Arthur Schopenhauer achselzuckend wahrgenommen (»Glück ist, was einem erspart bleibt«) und mich – wie schon so oft – begeistert in die Werke von Viktor E. Frankl vertieft (»Das Schicksal – ein Geschenk. Glück liegt in der Erfüllung seiner individuellen Lebensaufgabe«).

Natürlich habe ich mich im Zuge dieses Eintauchens in Glückswelten auch mit meiner eigenen Wahrheit befasst. Das Ziel, das der Philosoph Richard David Precht etwas später hier beschreiben wird, charakterisiert mein Streben recht treffend: ein erfülltes Leben zu führen, in der Summe der Augenblicke zu denken und zu hoffen, dass die positiven Momente überwiegen. Trotzdem ist es eine gute Übung, sich zu fragen, was denn dieses wohlig-warme Gefühl bewirkt, das ein Hoch signalisiert und uns sagt, dass die Welt rundum in Ordnung ist.

Neben den großen Komponenten, die zum Glücks-Grundstock gehören – zum Beispiel gesund zu sein, sich geliebt zu fühlen und keine Existenzängste haben zu müssen –, habe ich für mich zwei Faktoren als besonders glückbringend erkannt: die Dankbarkeit und das Tun.

Benediktinermönch David Steindl-Rast, der sogar mit 92 Jahren noch die »Schule der Dankbarkeit« auf der ganzen Welt lehrt, sagte in »Frühstück bei mir« auch: *Dankbare Menschen sind glückliche Menschen* – und genauso empfinde ich es auch, sich bewusst zu werden, wie Bruder David so richtig sagt, dass *jeder Augenblick die Gelegenheit bietet, dankbar zu sein.* Selbst für Krisen solle man dankbar sein, behauptet der Mönch: *Denn oft lehren sie einen, etwas loszulassen. Und wer loslässt, hat beide Hände frei. Für Neues.*

Neues zu schaffen, Kreativität auszuleben, dieses schöpferische Tun erfüllt mich auch mit Glücksgefühlen. Und ich denke, jeder von Ihnen kann sehr schnell überprüfen, ob er mit seiner Aufgabe richtigliegt, und zwar anhand der Definition des »Flow« von Mihály Csíkszentmihályi, einem Professor für Psychologie an der University of Chicago, der sich die Aufgabe stellte, *zu verstehen, wie sich Menschen fühlen, wenn sie große Freude empfinden und warum.* Er entwickelte, nach Untersuchungen mit Chirurgen, Bergsteigern, Schachmeistern – also Menschen, die ihre Zeit mit Lieblingstätigkeiten verbrachten –, die Theorie der *optimalen Erfahrung, die auf der Annahme von Flow beruht: jenem Zustand, bei dem man in eine Tätigkeit so vertieft ist, dass nichts anderes eine Rolle zu spielen scheint, in dem man Raum und Zeit vergisst.*

Im Flow bin ich ganz oft: bei Interviews – wenn mein Gast Herz und Seele öffnet und mir und in späterer Folge den Hörern Einblicke gewährt, die uns berühren oder uns erlauben, klüger zu werden; beim Schnitt – in der Freude, das »Frühstück« für die Hörerinnen und Hörer aufzubereiten; und oft auch beim Schreiben.

Das antwortete mir also das Leben auf die große Glücksfrage. Doch wie liegt es bei meinen Gästen, von denen die meisten doch in der schnellen Betrachtung alles haben, um wirklich glücklich zu sein?

Wir schwenken den Spot zu Udo Jürgens. Seit meinen Anfängen als Journalistin im Jahr 1992 durfte ich ihn unzählige Male interviewen. Sein Erfolg war über all die Jahrzehnte ungebrochen, hundert Millionen verkaufte Tonträger, 57 Alben, über tausend selbst komponierte Lieder waren die Bilanz bei unserem Interview für »Frühstück bei mir« im Hotel Sacher im März 2012. Es sollte die letzte persönliche Begegnung mit ihm sein, doch das ahnte ich damals nicht.

Wir trafen uns in einem der schönen Salons, das Sacher war immer schon Jürgens' Lieblingshotel in Wien, wegen der Geschichte, der Eleganz und auch, weil es so nahe bei seiner Wohnung am Parkring lag. Udos Eigenheiten kannte ich längst: Überpünktlich zu sein war das Gebot der Stunde – wie bei Niki Lauda am besten eine halbe Stunde zu früh, damit alles schon fertig aufgebaut war und es ja zu keiner Verzögerung kam; einmal mussten wir fünf Minuten warten, weil ich ein Verlängerungskabel brauchte, das rief großen Unmut bei dem Künstler hervor.

Bei wenigen Interviewpartnern empfand ich so stark wie bei ihm, wie sehr er sich der Kostbarkeit von Lebenszeit bewusst war, er wollte keine Minute vergeuden für etwas, das ihm nicht wichtig oder nötig erschien – darum gab er auch in seinen letzten Lebensjahren immer seltener Interviews. *Durch die Sanduhr des Lebens rinnt ab dem Alter von 60 Gold. Ab 70 Platin. Du wirst demütig,* hatte er mir gesagt. Doch wie glücklich war der große Künstler mit 78 Jahren? Und wie wichtig war Materielles wie sein Traumhaus am Zürcher See, seine Villa an der Algarve, ein Dutzend Oldtimer für diesen Zustand? Das wollte ich von ihm wissen.

*Aristoteles hat gesagt, man soll sich irgendwann die Frage stellen: Wie wichtig ist Besitz wirklich fürs Glück? Was sagst du heute?*

Jürgens: *Man muss ganz klar sagen, dass es für das Glück vollkommen unwichtig ist. Glück findet im Inneren des Menschen statt: in unserer Psyche, in unserer Art, zu fühlen und zu denken, wenn du ein gutes Buch liest und auf einen schönen Satz stößt, in dem Moment kannst du Glück empfinden – und zwar großes Glück! Und desto mehr wir besitzen, desto mehr werden wir uns mit dem Neid der Menschen auseinandersetzen müssen, man verliert sogar gute Freunde. Du wirst vielleicht sogar erkennen müssen, dass es Menschen gibt, die auf die Zeit nach dir spekulieren – was mit dem zusammenhängt, was du besitzt. Da wird der Besitz etwas Zweifelhaftes.*

Die Sorge, dass Erbstreitigkeiten nach seinem Tod folgen könnten – wie es dann tatsächlich passiert ist –, hat den Künstler oft geplagt, schon in früheren Interviews hatte er davon gesprochen. Doch dieses Thema vertieften wir diesmal nicht, sondern wir verweilten in der zerbrechlichen Seelenwelt eines großen Kreativen.

*Ist das Glück das bestimmende Gefühl in deinem Leben, oder dann doch die Zerrissenheit? Ein Mensch, der viel reflektiert wie du, hadert wahrscheinlich auch mit manchem.*

Jürgens: *Für mich war es immer erstrebenswert, Dinge zu bewegen, die mir wichtig sind – so ist es noch immer. Da halte ich mich eigentlich am wenigsten damit auf, dass ich über mein persönliches Glück nachdenke. Ich akzeptiere eigentlich bereitwillig, dass ich sehr oft in meinem Leben nicht glücklich bin und mir dann die Frage stelle: Warum bin ich eigentlich nicht glücklich? Ich habe ja alles. Dann setze ich mich ans Klavier. Für mich ist das der schönste Ort auf der Welt, an dem ich die größten emotionalen Gefühle erlebe, die ein Mensch überhaupt erleben kann, auch das größte Glück. Aber ich glaube, dass eben das, was du vorhin gesagt hast, das Nachdenken über Fragen im Leben und sich dieser Diskussion für sich selbst stellen, bewirkt, dass du nicht permanent glücklich bist. Doch das bewirkt auch, dass du auf dem Wege bist, die Dinge zu erkunden. Ich habe das Gefühl, dass ich jetzt in meinem Leben in einer Phase angelangt bin, in der ich viel mehr lerne als früher. Ich habe mir früher öfter eingebildet, dass ich schon was kann. Heute weiß ich, dass man noch viel mehr lernen kann. Zum Beispiel sich auf die Spur einer gewissen Lebensweisheit zu begeben, indem man gute Bücher liest. Und dann auf einmal an Schwellen der Gedanken stößt, wo man nur noch staunend davorsteht und sagt:* »*Wie wunderbar!*« *Ich habe zum Beispiel gerade ein ganz wunderbares Buch von Rüdiger Safranski über Männerfreundschaft gelesen – ein Thema, das mich schon immer interessiert hat.*

Sein Blick ging zu Niki Dumba. Der Kärntner, einst Besitzer des Schlosses Seefels am Wörthersee und seit Jahrzehnten einer von Udos besten Freunden, saß in einer Ecke des Raumes und hörte bei unserem Gespräch zu. Viele Interviews hatte ich mit Udo Jürgens unter vier Augen gemacht – so habe ich es am liebsten, denn durch diese besondere Konzentration auf das Gegenüber, unbeeinflusst von anderen Personen, entstehen einfach höhere, persönlichere Gedankengebilde. Doch diesmal wollte Udo seinen Freund, der ihm so oft Gesellschaft leistete, dabeihaben. Es schien ihm mehr Sicherheit und auch Freude am Gesagten zu geben, ein Künstler braucht eben sein Publikum. Und Männerfreundschaften – mit Niki Dumba, aber auch Event-Guru Hannes Jagerhofer oder Star-Geiger Julian Rachlin – hatten einen besonderen Stellenwert in seinem Leben.

Jürgens: *Ich habe ebendieses Buch gelesen, weil Männerfreundschaften immer ein großes Thema für mich sind – es heißt:* »*Goethe und Schiller. Eine Männerfreundschaft*«. *Diese Freundschaft hatte eine unglaubliche Wucht, Goethe hat nach Schillers Tod monatelang sein Haus nicht mehr verlassen und bis zu seinem eigenen Lebensende – er hat ja Schiller um fast 27 Jahre überlebt – jeden Gegenstand, den Schiller einmal berührt hatte, als ein Heiligtum bezeichnet. Das war für ihn eine ganz große Begegnung! Dieses Buch hat mich zutiefst aufgewühlt und bewegt, ich habe erkannt, dass eine Beziehung zwischen zwei Menschen die gleichen Werte haben kann – damals wie heute. Und das ist etwas Tröstliches. Also das sind alles grandiose Gedankenspiele, zu denen uns das Leben einlädt. Und jetzt vertiefe ich sie noch einmal in meinem Leben und muss sagen, das sind die größten Genüsse, die ich heute habe.*

*Was also ist heute wirklich wesentlich für dich?*

*Jürgens: Mich auseinanderzusetzen mit geistigen Dingen, daraus Kreativität und Emotion zu schöpfen. Emotion, die ich brauche für meinen Beruf. Wenn ich mich am Klavier nicht selbst an den Rand der Gefühle bringen kann, wie soll ich dann Menschen dorthin bringen? Aber ich denke nicht, dass die Frage des Glücks entscheidend ist. Ich glaube, dass es viel wichtiger ist, sagen zu können, dass uns das Leben tief berührt hat. Wer nicht geweint hat, wirklich aus tiefstem Herzen, und wer nicht gelacht hat aus tiefstem Herzen und wer nicht die Freude bis zum Überschäumen empfunden hat, aber auch die Traurigkeit, der hat einfach nicht gelebt. Ich glaube an das volle Leben mit all seinen Farben.*

Berührbar zu bleiben bis an die Grenzen, das Leben in all seiner Intensität zu leben, das Glück erst in der Polarität wirklich zu spüren – das war die Überzeugung von Udo Jürgens. Und damit bleiben wir bei den Grenzgängern. Können sie Glück intensiver empfinden, oder wird der Kick zur Sucht und die Suche danach zum Stress?

Wir begeben uns zu Extrembergsteigerin Gerlinde Kaltenbrunner, es war das erste »Frühstück bei mir« mit ihr im Jahr 2009 in ihrem Haus im Schwarzwald, wo sie während ihrer Ehe mit Ralf Dujmovits lebte. Das Navi im Leihauto hatte nicht funktioniert, geduldig hatte mich Gerlinde am Telefon zu ihrem Heim in die kleine Stadt Bühl gelotst. Oft sind die Fahrten zu meinen

Interviewpartnern auch komplizierte Expeditionen, denen ich mich gerne stelle, ist doch die persönliche Lebenswelt ein weiterer Einblick in die Persönlichkeit des Gastes.

Eine Stunde zu spät erreichte ich das Haus mit einem Garten voll Zwetschken- und Ringlottenbäumen, der direkte Kontakt mit der Natur war Gerlinde auch abseits der großen Bergbesteigungen wichtig. Sie begrüßte mich herzlich, ein herrliches Müsli aus frischen Pfirsichen, Bananen, Sonnenblumenkernen, Haferflocken und Joghurt stand auf dem Tisch. Das Wissen um Essen und was es mit unserem Körper macht, war schon immer ein besonderes Thema für sie, heute arbeitet sie ja auch als Coach für vegane Ernährung. Doch definierte die Österreicherin, die alle 14 Achttausender bestiegen hatte, ihr Glück im Sammeln der Pionierleistungen und Gipfelsiege, im Streben nach Erfolg?

*Gerlinde, Reinhold Messner hat bei mir gesagt, dass es nichts Schöneres gibt, als etwas zu machen, was vor ihm noch niemand gemacht hat. Ist das auch für dich der Antrieb?*

Kaltenbrunner: *Um das geht es mir überhaupt nicht. Mir geht es um das Erlebnis am Berg, die Natur zu spüren, auch die Freiheit. Wunderschöne Abendstimmungen zu erleben oder auch tagsüber, wenn man einen Fernblick hat, der endlos ist, da könnte ich die ganze Welt umarmen. Ob ich jetzt die Erste oder die Fünfte oder Fünfzehnte bin, die einen Gipfel erreicht, ist mir völlig egal.*

*Viktor Frankl, Psychiater und Philosoph, hat das sehr interessante Buch »Bergerlebnis und Sinnerfahrung« geschrieben. Er sagt, beim Bergsteigen ist es so schön, dass man den Horizont immer vor sich herschiebt. Man schiebt die Grenze des Menschenmöglichen hinaus, und wenn man immer wieder die Grenze hinausschiebt, wächst man über sich selbst hinaus. Merkst du das auch?*

Kaltenbrunner: *Ja. Gerade jetzt am K2 habe ich es mir wieder gedacht mit dem Nonstop-Versuch, also wir haben zum ersten Mal versucht, vom Basislager den Gipfel zu besteigen, ohne Schlaf. Da waren wir insgesamt 39 Stunden unterwegs im Auf- und Abstieg. Es war auch für mich ganz wichtig, zu sehen, schafft das mein Körper, hält er das überhaupt aus? Man wächst über sich hinaus. Meine Grenzen zu verschieben macht mich nicht nur glücklich, es gibt mir auch großes Selbstvertrauen für das nächste Mal.*

*Für Viktor Frankl steht das Glück ja auch in einem größeren Zusammenhang, der Erfüllung der individuellen Lebensaufgabe. Frankl meint ja, eine Aufgabe zu haben und damit Sinn im Leben zu finden, kommt für ihn nahe ans Glück. Du hast mir ja einmal gesagt, ihr sprecht am Berg oft über die Sinnfrage. Welchen Sinn soll dein Leben gehabt haben?*

Kaltenbrunner: *Meine Geschwister fragen schon öfter einmal, was das überhaupt soll, was ich da mache. Warum tu ich mir die Strapazen an? Was hat das denn für einen Sinn? Für mich ist es das, was mir guttut und wo ich mich wohlfühle, der Sinn des Lebens ist für mich, dass ich zufrieden und erfüllt bin, und das bin ich durch das Bergsteigen. Damit sind wir auch beim Glück.*

Ein erfülltes Leben als Ziel und positive Bilanz – auch Thomas Gottschalk sah es so in »Frühstück bei mir«. Es fühlte sich übrigens nach Glück für mich an, ihn endlich zum Interview zu bekommen, 18 lange Sendungsjahre hatte ich immer wieder angefragt: Landete ich bei einem Management, wurde ich sehr schnell abgewimmelt. *Keine Zeit*, hörte ich gebetsmühlenhaft als Grund. Traf ich ihn persönlich im Rahmen von Events, konterte er meine Anfrage regelmäßig mit einer Pointe. Im Jahr 2003, als ich im Deix-Museum als Moderatorin eine Ausstellung eröffnete, bei der

Gottschalk Stargast war, sagte er zum Beispiel, als ich ihn wieder einmal fragte, mit einem Blick auf ein Hirschgeweih an der Wand: *Wenn sich das Geweih jetzt verbiegt, komme ich in deine Sendung.* Doch Hartnäckigkeit lohnt sich und macht dann die Begegnung zum besonderen Glückserlebnis.

Der große »Wetten, dass …?«-Moderator brachte also im Frühsommer 2015 seine Autobiografie »Herbstblond« heraus, und schon bewahrheitete sich der Spruch einer buddhistischen Nonne in Myanmar, mit der ich einmal ein langes Gespräch führen durfte: *When it's time, it comes to you.* Und so war es, mich erreichte die E-Mail seiner Buch-PR-Lady Else Buschheuer, die anfragte, ob ich mit Gottschalk frühstücken wolle. Was für eine Frage …

Nach wochenlanger Terminsuche trafen wir uns dann endlich im noblen »Hyatt Regency«-Hotel in Mainz. Jede Ecke atmete hier Luxus, Orchideen waren mit Spots bestrahlt, mit feinstem Leder bezogene Designermöbel standen in der Lobby. Nun war es also endlich so weit: Das große Interview mit dem Fernseh-Entertainer, der jetzt auch Buchautor war, konnte starten. Jugendlich stand er da, in T-Shirt und Jeans, hinter einer blau getönten Brille waren die Zeichen des frühen Morgens – und auch des Älterwerdens – versteckt. 151 Mal hatte Gottschalk »Wetten, dass …?« moderiert, im Jahr 2011, zwölf Monate nach dem folgenschweren Sturz von Samuel Koch, damit aufgehört. Seine Lektion in Sachen Glück war einfach: Der Star-Moderator betonte, dass der Kluge das Glück auch im Bereich des Möglichen ansiedelt. Gottschalk auf Ö3: *Ich versuche ja mein Lebensglück nicht mehr abhängig zu machen von Prestige-Situationen, die ich gerade erlebe. Man muss sich unabhängig machen von Dingen, die relativ schnell wieder weg sind. So versuche ich jeden Tag ein neues Glück zu finden, und zwar basierend auf der Situation, in der ich gerade bin. Denn: Ich halte es für unsinnig, wenn Männer über 60 sich glücklich schätzen, wenn ihnen Frauen um die 20 hinterherlaufen, weil das Glück dann doch sehr spärlich des Weges kommt. Ich habe gelernt, Glück immer so zu definieren, dass es auch möglich ist.*

Und Gottschalk glaubte auch an die Definition, dass es Glück bedeutet, seinen Talenten gemäß eingesetzt zu sein:

*Ich sage, es gibt eine Grundbegabung für vieles. Und die Leute, die eben zum Radio oder Fernsehen wollen, aber stille, in sich gekehrte Menschen sind, denen sagt man: »Dann versuch's doch mal, dich ins Kämmerchen zu setzen und vielleicht was zu schreiben, vielleicht bist du damit besser bedient.« Es ist immer dann ein Problem, wenn Leute sich für zu irgendetwas befähigt halten, wo sie einer Fehleinschätzung aufsitzen.*

Und wie sehr liegt denn das Glück in einer großen Karriere? Und: Würde ein Thomas Gottschalk heute noch einer der größten Fernseh-Entertainer werden, wenn er jetzt beginnen würde?

Gottschalk: *Ich bezweifle es, und zwar deswegen, weil ich diesen krummen Weg, den ich genommen habe, gar nicht mehr nehmen könnte. Wenn ich damals vorgehabt hätte, Fernsehstar zu werden, wäre das schiefgegangen. Ich wollte erst mal nur zum Radio, und als ich beim Radio war, hab ich gesagt, mein Glück kann nicht größer werden. Dann hat sich eine Tür nach der anderen aufgetan, ich glaube, jemand, der das Endziel bereits im Auge hat, wird es nicht erreichen, aber jemand, der sich dauernd neue Ziele setzt und sagt: »Bis dahin hab ich's geschafft, jetzt guck ich, will ich weiter, will ich nicht weiter ...«, das ist die Kunst in diesem Geschäft. Und: Man darf sein Glück nie im Berühmtsein suchen. Ich will einmal auf dem roten Teppich gehen, ich will in der »Bunte« auf dem Titel sein, das darf gar keine Rolle spielen, das ist flüchtig und irrelevant. Aber wenn du sagst, ich will mal am Radiomikrofon sitzen, ich will vor einer Kamera stehen, um Menschen zu faszinieren und zu unter-*

*halten, das ist der Ansatz. Wenn in der eigentlichen Aufgabe dein Glück liegt, ist es richtig.*

Sprach's und wurde auch schon ungeduldig, als wir die vereinbarte Stunde um Minuten überschritten hatten. Offensichtlich fand sich Gottschalks Glück dann doch nur begrenzt in Interview-Begegnungen beziehungsweise machte auch er, ähnlich wie Udo Jürgens, den Eindruck, seine Zeit für einen PR-Auftritt nach außen nur mehr äußerst effizient einsetzen zu wollen.

Schließlich begegnen wir noch Richard David Precht, »Pop-Philosoph« wird er oft genannt, weil er die Kunst beherrscht, Philosophie leicht verständlich und breitenwirksam zu formulieren. Im Mai 2016 habe ich ihn wieder für »Frühstück bei mir« getroffen, diesmal in Wien. Das 800-Liter-Aquarium in seiner Wohnung in Köln mit Schwärmen an Elefantenrüsselfischen (Precht: *Mich faszinieren sie, weil sie so ein großes Gehirn haben und so intelligent sind*) war mir von früheren Interviews dort schon gut bekannt. Dass er in Wien in freien Stunden allerdings am liebsten ins Naturhistorische Museum ging, um Greifvögel anzusehen, *weil sie ebenfalls faszinierend schlau sind*, war mir neu. Über Tiere konnte er sich begeistern, über den Menschen und seine Entwicklung empören. Diesmal standen die falschen, weil viel zu egozentrierten Glücksvorstellungen bei unserem Gespräch zur Debatte.

*Herr Precht, Sie haben vorhin gesagt, dass Sie die Glückssuche in unserer Gesellschaft für absolut übersteigert halten. Aber ich nehme an, Sie streben genauso danach, glücklich zu sein – oder haben Sie da noch ein ganz anderes Ziel?*

Precht: *Also grundsätzlich ist »Glück« ein unglückliches Wort, weil wir im Deutschen die Bedeutung von »happy« und von »lucky« in* einem einzigen Wort haben. Wenn wir »Glück« übersetzen würden mit dem, was die alten Griechen eudaimonía genannt haben, also ein »erfülltes Leben«, dann würde ich sagen, danach strebe ich. Glück ist ja auch ein Zustand, der nicht anhält, ein erfülltes Leben ist eine Bilanz. Ein erfülltes Leben ist nicht in jeder Sekunde erfüllt, aber es ist unterm Strich erfüllt. Und bei »Glück« denken wir immer, wir müssen immer mit einem Lächeln, beschwingt und vollgepumpt mit Dopamin und Serotonin, durch die Welt laufen. Also man denkt sich, Glück sei die Versammlung von tausend glücklichen Momenten hintereinander – das würden Ihre Psyche und Ihr Gehirn gar nicht überleben!

*Sind Sie glücklich?*

Precht: *Also ich führe ein erfülltes Leben, und ich bin sehr dankbar für das Leben, das ich führe, und ich habe häufig in meinem Leben Glücksmomente.*

Der damals 51-Jährige war für einen »Leuchtpunkte-Talk« nach Wien gekommen, eine Talk-Veranstaltung, die meine Freundin Sabine Zorn ins Leben gerufen hatte. Das Gartenbaukino war bis auf den letzten der 700 Plätze voll, als Precht auf der Bühne scharf mit Diätwahn, dem Aufspüren von Nahrungsmittelallergien und dem Schönheitskult durch Beauty-Eingriffe sowie Sportstress ins Gericht ging. Und auch bei unserem gemeinsamen Frühstück sprach ich ihn darauf an.

*Herr Precht, wenn jemand, zum Beispiel, sein Glück darin findet, Marathon zu laufen, ist das nicht unbedingt zu kritisieren. Weil Sie gesagt haben, Sie sehen eine ganz verrückte Entwicklung darin, dass in der Idealfigur oder im Sport das ultimative Glück gesehen wird.*

Precht: *Ich hab überhaupt nichts dagegen. Die einen schreiben philosophische Bücher, die anderen laufen Marathons, die dritten helfen in der Flüchtlingshilfe, das ist im Prinzip in Ordnung. Was mich stört, ist: Der Körperkult hat heutzutage insgesamt ein merkwürdiges Ausmaß angenommen. In meinem Buch habe ich viel über die Glückssuche der Griechen geschrieben, über das erfüllte Leben, und das erfüllte Leben bestand für die allermeisten griechischen Philosophen daraus, seinen Geist zu perfektionieren. Nun hatten die Griechen aber den Körper durchaus auch auf der Rechnung, weil sie der Überzeugung waren, für einen gesunden Geist ist das ganz gut, wenn man in einem halbwegs fitten Körper lebt. Das heißt also, die Kultivierung des Körpers war ein Mittel zur Pflege der Seele, und es ging um die seelisch-geistige Optimierung. Heute ist es genau umgekehrt. Heute ist das Ziel die Kultivierung des Körpers und nicht die Kultivierung der Seele, aber wir machen ab und zu ein paar Meditationsübungen, weil wir wissen, dass das gut für unseren Körper ist, dass wir dann weniger Falten haben, dass wir dann so in uns ruhen, dass wir körperlich größere Leistungen erbringen. Also wir haben das Verhältnis umgedreht, und das halte ich nicht für eine besonders gute Idee.*

*Sie schreiben ja auch in Ihrem Buch »Erkenne die Welt« eine Definition zur Philosophie, und zwar geht es darum, dass Sie sagen, wenn man den Geist schärft, dann lebt man auch bewusster. Lebt man dann auch glücklicher?*

Precht: *Das ist schwer zu sagen, weil die meisten Philosophen ja keine wahnsinnig glücklichen Menschen waren. Die Beschäftigung mit Philosophie wird Menschen mit einem hohen Glücksvermögen vielleicht noch ein klein bisschen glücklicher machen, aber Menschen mit einer tiefen Melancholie noch verzweifelter. Das ist ein Abenteuer, von dem man nicht weiß, wie es ausgeht. Ich würde niemandem durch die Beschäftigung mit Philosophie Glück versprechen.*

Sagte es und verabschiedete sich schon bald. Schnell noch das Sakko in den Trolley, der Fahrer zum Flughafen wartete bereits vor dem Hotel. Dann ging es zurück nach Köln, hinein in ein Wochenende mit seinem zwölfjährigen Sohn Oskar, das für Precht ein großes Glücksversprechen war.

Es tut gut, zu wissen, aus welchen Bausteinen für jeden Einzelnen ein erfülltes Leben besteht. Und sie sorgsam aufzuschichten. Damit dieses Gebilde möglichst lange hält, was es verspricht – länger als das Traumhaus von Kostas, hoch oben in den Hügeln der ionischen Insel Lefkas, wo ich gerade beim Schreiben bin. Im Flow.

**GEORG FRABERGER:** »Wenn ich eine Tätigkeit oder einen Menschen nicht mehr liebe, dann ist es Zeit weiterzugehen. Auch so passiert Entwicklung.« **CHRISTINA STÜRMER:** »Ich habe gelernt mir einzugestehen, dass ich nicht immer funktioniere, dass ich nein sagen darf. Das war das Wichtigste für meine Entwicklung.« **CAMPINO:** »Wir hatten in der Vergangenheit Unsicherheit durch Lautstärke kaschiert. Heute müssen wir niemandem mehr etwas beweisen.« **ANDRE HELLER:** »Es ist keine Tragödie, wenn man plötzlich merkt, es schlägt etwas ins eigene Leben ein, und das zwingt zur Veränderung und andere Wege zu nehmen.« **GOTTFRIED HELNWEIN:** »Früher habe ich gar nichts gewusst, jetzt weiß ich ein bisschen mehr.«

# Wodurch geschieht Entwicklung?

Der Auftrag war klar, die Durchführung nicht. Ich hatte im Mai 1990 beschlossen, meinen Job als Model aufzugeben – in Paris zu wohnen, wie ich es schon drei Jahre lang getan hatte, war zwar weiterhin mein Traum, vom Geschäft mit der Schönheit zu leben nicht mehr. Wunderbare Momente hatte ich in diesem Business erlebt, Shootings in Kuba, Malibu Beach und Südfrankreich, sogar für die renommierte »Vogue« oder die »Elle« war ich vor der Kamera gestanden oder bei Prêt-à-porter-Schauen im Louvre defiliert. Das »Modebusiness inside« zu erleben war spannend gewesen, manchmal hysterisch und auch immer wieder deprimierend, waren doch viele der Mädchen verloren in dieser harten Welt, funktionierte es nicht, gab es kein Netz. Manche stürzten ab in die Welt der Drogen oder arbeiteten als Escort Girls, viele dieser Schicksale sind mir begegnet. Ich verdiente Gott sei Dank immer ausreichend und war gefestigt genug, um Abwege sofort zu erkennen. Trotzdem, irgendwann schienen mir die Fahrten zu dutzenden Castings am Tag, begleitet von Lärm und Schmutz in der Métro, nur noch sinnentleert. Was würde ein weiterer Job in diesem zeitlich begrenzten Business eigentlich für mich noch verändern?

Auch die Regeln rundherum waren hart, vor allem erwartete man von uns, abgemagert bis auf die Knochen zu sein, *denn so fallen die Kleider besser,* erklärten auch immer wieder die Damen meiner Agentur und blickten prüfend auf meine Taille und die Hüften. Wie absurd war es doch, dass eine 1,80 Meter große Frau wie ich für die Prêt-à-porter-Schauen in Kleidergröße 34 oder – wenn der Designer besonders großzügig war – in Größe 36 passen sollte! Aber natürlich, wir Models beugten uns dem Diktat der Auftraggeber. Das war der Deal. Und den wollte ich jetzt nicht mehr eingehen.

Bei einem kurzen Besuch in der Heimat pilgerte ich also in die Redaktion der Zeitschrift »DIVA« und bot dort an, aus Paris Interviews oder Modegeschichten zu liefern. Man war gnädig und erteilte mir, der blutigen Anfängerin, doch tatsächlich sofort einen Auftrag: ein Interview mit Parfummacher Jean-Paul Guerlain zu führen. Ich wusste noch nicht genau, was es hieß, Journalistin zu sein, aber dass – egal in welcher Sache – Eigeninitiative die Grundlage für Erfolg oder einfach nur Überleben ist, hatte mich das Leben bereits gelehrt – sonst hätte ich ja nie die Jahre als junge Frau allein im Ausland, auch ohne finanzielle Rücklagen oder Geldzuschüsse der Eltern, nie bestanden.

Zwei Tage später saß ich im Parfum-Haus des Modehauses Guerlain an den Champs-Élysées. Madame Huchette, die Presse-Lady, atmete Eleganz aus jeder Pore, mit schwarzer Taftfrisur, Perlenkette und Chanel-Kostüm in rosa-weißem Bouclé. Sie lächelte milde, als sie sagte: *Interviews gibt Monsieur Guerlain zwar nicht mehr so oft, aber hübsche Damen trifft er gerne.* Eine Bemerkung, die heute schon ein #MeToo-Posting herausfordern würde, doch ich nahm damals keinen Anstoß daran. Das Ziel war das Ziel – nicht der Weg dorthin, ich hatte den Termin für mein erstes Interview, und den Rest würde ich schon irgendwie machen.

Dieser Rest war dann wie aus einem Hollywoodfilm, ihn wirklich zu erleben natürlich noch besser. Ich wurde mit einer schwarzen Limousine an meiner damaligen Adresse in der Rue Étienne Marcel abgeholt (dem livrierten Chauffeur verriet ich nicht, dass ich dort ein winziges Zimmer in einer WG bewohnte), auch meine französische Freundin Nadja, die Fotografin war, kam mit. Der Fahrer drehte schweigend am Lenkrad. Nach einer Stunde erreichten wir Guerlains Landsitz in der Normandie – ein beeindruckendes Anwesen mit einem Fachwerkgebäude, das in der Mitte thronte, und Pferdestallungen rundherum. Männer im Frack, die sogenannten »Nasen«, kamen uns entgegen. Der »Meister des Parfums« hatte gerade einen neuen Duft kreiert.

Genau darum drehte sich unser folgendes Gespräch, Monsieur Guerlain, perfekter Gentleman übrigens und wunderbarer Erzähler, beschrieb uns die Kunst der Duftkreation und dass er sein neuestes Parfum »Samsara« für die »Frau seines Lebens« gemacht habe. Voll Poesie erläuterte er den Schaffensprozess, die Suche nach dem reinsten Sandelholz und dem besten Jasmin auf indischen Märkten, die monatelangen Versuche hin zur richtigen Mischung für ein Parfum, das so sinnlich wie seine große Liebe war. Seine Gedanken und Geschichten umsponnen mich im schönsten Französisch, fehlte ein Wort, half meine Freundin Nadja aus. Ich war begeistert von den Einblicken in die Gefühlswelt des Parfumeurs und fühlte mich in meiner Aufgabe, seine Motivation und seine Geschichte zu erfragen, sofort zu Hause. Das Leben der anderen sollte fortan meines sein.

Und so blicke ich jetzt auf jenen besonderen Start als Journalistin zurück. Doch wer war diese Claudia Stöckl damals, die im Alter von 23 in grauer Marlene-Dietrich-Hose und schwarzem Jackett beim Star unter den Parfummachern saß? Wie viel habe ich noch mit ihr zu tun, wohin habe ich mich entwickelt, was trennt mich von ihr als bloß die Anzahl der Jahre? 28 Jahre sind es genau, mehr als mein halbes Leben.

Die ganz andere sehe ich in ihr nicht – wie uns André Heller später in diesem Kapitel erklären wird, dass wir immer ganz andere werden. Viel Mut, Tatendrang, Neugierde stecken sicher noch in mir, gepaart mit einer genaueren Einschätzung von Wahrheit und Erfundenem, von Authentischem oder Aufgebauschtem, das mir in Gesprächen erzählt wird. Tiefe und Haltung gewinnen noch mehr an Bedeutung und, frei nach Viktor E. Frankl, auch der »Wille nach Sinn«: mit meiner Sendung etwas bewirken zu können und Erkenntnisse zu vermitteln, wie hoffentlich auch mit diesem Buch. Viele Wichtigkeiten haben sich verschoben, auch mein ewiges Fernweh wurde durch freudige Zufriedenheit, zu Hause ein solides Fundament, beruflich wie privat, geschaffen zu haben, ersetzt.

Wodurch also entsteht Entwicklung? Wie wurden wir alle die, die wir heute sind? Psychologe Georg Fraberger war im September 2017 zu Gast in »Frühstück bei mir« anlässlich des Erscheinens seines neuen Buches »Wie werde ich Ich«, das genau dieses Finden und Reifen der Persönlichkeit zum Thema hat. Seine Antwort war ernüchternd: *Entwicklung passiert über Schmerz. Meistens kommt die Motivation, sich zu entwickeln, von Aggression oder Kränkung, weil man sich nicht erkannt fühlt, sich nicht verstanden fühlt oder weil es einem wirklich schlecht geht.* Fraberger, der ohne Arme und Beine geboren worden war und sich trotzdem nie in den Mittelpunkt, sondern sich sogar beruflich den seelischen Nöten der anderen stellt, führte weiter aus und formulierte die Antwort des Lebens, die für mich in Sachen Entwicklung gültig ist: *Maßgeblich für Entwicklung ist manchmal auch das seelische Element im Menschen, das uns ebenfalls lenkt und leitet – nämlich der Wille nach Sinn. Dass man daran denkt: Ist das, was ich da mache, auch sinnvoll? Wenn ich sagen kann: Wenn ich es mache, dann bin ich ich – dann ist es gut. Und eine weitere Frage, die man sich da oft stellt, ist: Lohnt es sich überhaupt? Die einzige Antwort ist die Liebe – egal ob die Liebe zu einem Menschen, für eine Sache, Kunst oder Musik, die einzige Antwort darauf ist die Liebe. Wenn ich eine Tätigkeit oder einen Menschen nicht mehr liebe, dann ist es Zeit, weiterzugehen. Auch so passiert Entwicklung.*

Meine Entwicklung vom Fotomodell zur Journalistin hatte sicherlich mit vielem zu tun, was Fraberger nannte – anfänglich ein großes Abenteuer und sehr spannend, war mir mit der Zeit der Sinn, vor Kameras Kleider zum Leben zu erwecken, abhandengekommen. An meiner ersten Geschichte über Jean-Paul Guerlain schrieb ich dann übrigens eine ganze Woche lang auf einer klapprigen Schreibmaschine. Immer wieder begann ich mit dem Artikel, war unzufrieden über meine Sätze und riss die Seiten aus der Rolle. Es dauerte seine Zeit, bis ich Sprachrhythmus und die richtigen Bilder finden konnte und die Story fertig war. Die Liebe zu den Worten spürte ich allerdings gleich. In dieser Aufgabe war ich zu Hause und durfte mich in meinen ersten journalistischen Jahren ohne die grelle Beurteilung einer großen Öffentlichkeit entwickeln.

Anders war es bei Christina Stürmer. Ihr Sprung von der Buchhändlerin zur Castingshow-Zweiten ist bekannt, eine Transformation, die im Jahr 2003 über Wochen in der TV-Show »Starmania« von einem Millionenpublikum mitverfolgt wurde. Elf Jahre später bilanzierte sie im Ö3-»Frühstück bei mir«: *Das war ja die erste »Starmania«-Staffel überhaupt, wo ich mitgemacht habe. Da ist es drunter und drüber 'gangen, alle wollten auf einmal Autogramme von uns, jeder will was wissen von einem – dabei bin ich frisch aus der Buchhandlung gekommen.*

Wir hatten uns für unser mittlerweile viertes »Frühstück bei mir« in einem Hotel in München getroffen, wo die Sängerin am Abend ein Konzert hatte. Die Begrüßung war herzlich, Christina Stürmer hatte kein Problem, das Interview mit mir auch ohne den PR-Agenten als »Beisitzer« zu führen. Aus der Warte der Erfahrenen blickte sie jetzt zurück:

*Ich habe mit 20 angefangen, bin sofort bei einer Plattenfirma gelandet, die haben mir geholfen, ein Management zu finden, Produzenten zu finden. Die waren alle nett – nur es reden so viele Leute mit: Welche Songs wären gut für dich, was sollst du singen, wie sollst du dich auf der Bühne geben, welche Bewegungen wären super, was zieht man dir bei einem Fotoshooting an, was soll man überhaupt anziehen im Fernsehen, weil das muss ja so und so ausschauen … Und am Anfang hab ich denen das alles einfach einmal geglaubt. Natürlich.*

Erkannt fühlte sie sich nicht immer, und dann kam unweigerlich auch der Protest:

Stürmer: *Es hat eine Zeit gegeben, da haben mir die Stylisten die T-Shirts abgeschnitten, weil bauchfrei war sexy, und irgendwie sexy sollte ich schon sein. Im Fernsehen kann man nicht so normal daherkommen, haben sie gesagt. Aber ich hab einfach über die Jahre gelernt: Doch, kann man sehr wohl. Seit zwölf Jahren trage ich kaum bauchfrei und jetzt auch keine aufreizenden Sachen, und es funktioniert trotzdem. Man muss sich manchmal losstrampeln. Mit dem Erfolg kommen ganz, ganz viele Einflüsterer, auch Schulterklopfer, und da muss man einfach aufpassen, dass man nicht jedem immer alles glaubt.*

Entwicklung geht also auch über Rebellion, weg vom Angepasstsein und dem Ziel, anderen zu gefallen, hin zur Eigenliebe und dem Bestreben, das zu tun, was einem selber guttut. Einen einschneidenden Moment hat die Sängerin dann drei Jahre nach ihrer »Starmania«-Teilnahme erlebt, die Karriere war weiter steil nach oben gegangen, Stürmer hatte begonnen, mit zahlreichen Auftritten Deutschland zu erobern. Und als dann plötzlich nichts mehr gegangen ist. Davon hat sie bei diesem Frühstück erzählt.

Stürmer: *Ich habe mich dann immer sehr lasch g'fühlt und komplett müde und halt wirklich sehr leicht reizbar. Dann hat es eine Terminverschiebung für einen Auftritt gegeben, für ein Ski-Opening in Tirol, wo es aber keinen Schnee gegeben hat – und die haben das genau in die zwei Wochen geschoben, die ich mir eigentlich nach langem Durcharbeiten als Auszeit geblockt hatte. Da ist für mich eine Welt zusammengebrochen. Und wie ich gemerkt habe, wie ich reagiere, war's einfach das erste Mal so, dass ich gesagt habe, ich kann nicht mehr. Ich brauche jetzt einmal wirklich einen Urlaub. Dann war ich das erste Mal auf den Malediven. In den zwei Wochen, in denen ich dort war, habe ich meine Batterien aufgeladen und einfach gemerkt, wow!, wie viel Energie ich eigentlich haben kann.*

Ihr Resümee ist meiner Meinung nach besonders wichtig in dieser Hochgeschwindigkeitswelt, in der sich die meisten von uns befinden. Dort rennt man und weiß, es geht ums Funktionieren. Bis der Punkt kommt, an dem es nicht mehr geht. Viele meiner Gäste berichteten davon – auch immer von der Entwicklung, die diese Krise brachte. Startenor Rolando Villazón erzählte von massiven Stimmproblemen und seinem Burnout: *Es gab einen Moment, wo ich gesagt habe, meine Karriere ist vorbei, ich kann nicht mehr singen. Ich war traurig. Es war dunkel. Aber wissen Sie: Dunkle Momente, traurige Momente sind willkommen, das zu sehen war Teil meiner Entwicklung. Im Leben geht es nicht darum, glücklich zu sein, es geht darum, Intensität zu finden. Ich weiß jetzt: Ich möchte leben, um lebendig zu sein, und da gehören alle Emotionen dazu.*

Kabarettist Thomas Stipsits berichtete mir von seinen Panikattacken aus Erschöpfung, nach der Zeit seines Durchbruchs, als er fast täglich auf der Bühne stand – und wie er aufkommende Ängste bewältigen konnte: *Ich habe in einer Therapie gelernt, meiner Angst einen Namen zu geben. Herr Huber zum Beispiel. Und dann spreche ich mit ihm, wenn ich spüre, er kommt: Herr Hubert, leider, heute habe ich keine Zeit, bitte gehen Sie wieder. So kann ich jetzt Ängste ganz bewusst verabschieden.*

Auch Christina Stürmer gestand die Zeit der Überforderung – und welche Erkenntnisse daraus resultierten:

*Ich habe gelernt, dass ich mir eingestehen darf, dass ich auch einmal nicht mehr kann, dass ich nicht immer funktioniere, dass ich Nein sagen darf. Dass man es selber in der Hand hat und auch eine Auszeit machen kann. Und natürlich braucht man schon einen eigenen Willen und einen starken Charakter, dass man dagegenhält, was die Tipps und Pläne von den anderen betrifft, und auch draufkommt, dass man sich ruhig einmal dagegen aufbäumen darf. Das zu sehen war das Wichtigste für meine Entwicklung.*

Grenzen setzen. Nicht überall mitspielen. Wissen, welche Rahmenbedingungen man braucht – für den Beruf, für das private Leben und vor allem für sich selber, für das eigene Seelenheil. Auch das ist eine Entwicklung.

Managern, die mir 20 Minuten Gesprächszeit anbieten von dem Star, den sie vertreten, muss ich leider absagen. Früher ließ ich noch mit mir reden, in der Hoffnung, dass ich dann im Gespräch doch noch viele Minuten dazugewinnen könne. Mittlerweile gibt es von mir nur noch klare Ansagen. Denn ich weiß zu genau, wie viel Zeit es braucht, um in einem Gespräch Tiefe zu erreichen, über das Allerwelts-Abgefragte hinauszukommen. Ich beharre auf meine Bedingungen, zwei Stunden lang soll das Interview dauern, möglichst ohne andere Menschen im Raum, um eine gewisse Konzentration in dem Gespräch zu erreichen, die Qualität meiner Sendung immer im Visier. Chris Lohner sagte einmal bei mir den schönen Satz: *Um zu bekommen, was man will, muss man genau sagen, was man möchte.* Er ist ein Leitsatz in meinem Leben geworden.

Die Transformation über die Jahre war auch bei meinen Begegnungen mit Campino immer Thema. Viermal hatte ich den Tote-Hosen-Frontsänger in der Sendung zu Gast, zuletzt im Mai 2017. Optisch hat er sich kaum verändert, auch mit knapp 55 nicht – schlank wie immer, ein bisschen zerknitterter das Gesicht: *Irgendwo sah das früher alles straffer aus, hatte mehr Wumms,* sagte er lachend, als wir auf die optischen Veränderungen durch die Jahre zu sprechen kamen. Beruflich hatten seine Band und er schon lange bewiesen, dass Karriere nicht stagnieren muss. Im Gegenteil. Die Rocker hatte fünf Jahre davor mit ihrer letzten Tournee »Krach der Republik« den Zenit erreicht, mit einer Million an verkauften Konzerttickets – und das zu ihrem 30-Jahr-Jubiläum.

Wir saßen im eleganten Private Dining Room des »Park Hyatt«. Auf die weißen Orchideen in den Nischen waren Spots gerichtet, strahlende Flecken in dem schummrigen Raum. Die

Tafel war in einem Eck für uns gedeckt mit allem, was vernünftige Ernährung bedeutet. Campino kam um zehn Uhr, eher verschlafen, als müsse er die Reputation eines ehemaligen Punks doch verteidigen, murmelte er doch etwas von einer langen Nacht und einer wilden Party. Dann bestellte er einen Green Smoothie. Wir sahen einander in die Augen und lachten. *Wenn man in meinem Alter auf Tournee geht, muss man sich zusammenreißen*, schmunzelte er. Aber: Wo steht der Rockstar heute, und was hat sich seit unserem Treffen vor fünf Jahren getan?

*Achterbahn*, schoss der bald 55-jährige Rockstar sofort als Antwort heraus, *beruflich gesehen eine Wahnsinnserfolgswelle, andererseits sind gute Freunde von mir gestorben*. Und dann kam der schöne Satz, der immer eine positive Entwicklung bedeutet: *Ich werde immer fester, was meine Überlegung angeht, wo ich eigentlich hingehöre und was ich will, und das ist beruhigend. Wir irren ja alle irgendwie durchs Leben, aber ich hab gerade das Gefühl, dass ich zumindest weiß, wo die Ziele liegen. Es hat ja doch eine lange Zeit in meinem Leben gegeben, wo ich völlig orientierungslos war, und das ist zurzeit, Gott sei Dank, nicht der Fall.*

Der Sänger naschte von der Obstplatte. Gesundes Leben gehörte jetzt dazu, bekräftigte er noch einmal, und dass die Jahre Demut gebracht hatten – *auch dass ich überlebt habe,* sagte Campino, der immer zu seinen Drogenexzessen gestanden hat. Es erinnerte mich an den »Schock-Maler« Gottfried Helnwein, der nach seinen LSD-Trips in den Siebzigerjahren den Turnaround machte, seit Jahrzehnten kaum Alkohol trinkt und zwei Liter grünen Tee am Tag zu sich nimmt: *Ich habe mein Werk noch lange nicht vollendet,* sagte Helnwein zu mir, *deshalb muss ich ökonomisch denken und gesund leben.* Genauso ging es Campino, und auf die Phase seines Größenwahns blickte er jetzt mit verwunderter Distanz zurück:

*In den frühen Neunzigern hatten wir eine wahnsinnig erfolgreiche Phase. Wir konnten machen, was wir wollten, wenn wir eine Platte rausgebracht haben, hat sich die eine Million Mal verkauft. Dann haben wir ein Eishockeyspiel angesetzt gegen irgendwelche Jungs von Finnland, die Leningrad Cowboys. Das Stadion war ausverkauft. Also egal, was wir für Blödsinn veranstaltet haben, es schien immer richtig zu sein. Wir stöhnten: »Ach, schon wieder ein Konzert und zehntausend Leute«* – ich war damals nicht in der Lage, dieses wahnsinnige Glück, das wir da hatten, als solches wahrzunehmen. *Und ich wurde »arschig«.*

Und wie zeigte sich dieses »Arschig-Sein«? *Dass ich meinen Koffer nicht mehr selbst getragen habe*, beschrieb Campino. Ihm war Bodenhaftung wichtig, seine fünf Geschwister waren das Korrektiv: *Ein Bruder hat mich auf Tournee besucht, wir sind mit dem Tourbus zum Hotel gefahren, er hat gesehen, wie mein Tourmanager meinen Koffer getragen hat. Ganz aggressiv hat er mich dann gefragt: »Sag mal, spinnst du eigentlich, das ist doch dein Koffer da – wieso trägt der den?« Das war mir gar nicht aufgefallen, aber in diesem Moment ist mir das klar geworden, und seit dem Tag trag ich meinen Koffer selber, da darf auch noch nicht mal ein Hotelportier ran.*

Wir wanderten durch seine Entwicklung. Wie so oft war's spannend, das frühere Leben aus der heutigen Perspektive zu betrachten. *Wenn der Erfolg schneller wächst, als die Seele mitwachsen kann, dann hat man ein Problem, glaub mir das*, hat Falco im Februar 1997 im Ö3-»Frühstück« zu mir gesagt. Ein Satz, der es auf den Punkt bringt, was in der Welt der Shootingstars passiert. Und auch Campino erzählte Ähnliches:

*Ich glaube, wir hatten in der Vergangenheit Unsicherheit durch Lautstärke kaschiert. Ich meine das jetzt nicht musikalisch, sondern auch in unseren Statements, in unserem Benehmen. Und heute müssen wir niemandem mehr was beweisen, wir müssen jetzt nicht einen Fernseher aus dem Hotel schmeißen, um zu zeigen, dass wir eine Punkband sind. Das fällt alles weg, und es ist deshalb deutlich weniger anstrengend. Wenn man nicht die hellste Kerze auf der Torte ist, dann probiert man das halt ein paarmal, bis man dann irgendwann denkt: »Mensch, diese Fernseher, die tauchen dann alle da unten auf der Rechnung auf.« Aber wenn das dann nur noch eine Routine wird, dann ist das auch nicht mehr lustig und auch nicht revolutionär und auch schon gar nicht kreativ. Und in diesem Moment ist es höchste Zeit, auszusteigen aus dem Film. Das rituelle Zerlegen eines Hotelzimmers ist das Traurigste, was es gibt. Gott sei Dank haben wir die Stufe doch schon vor einiger Zeit übersprungen.*

Doch auch diese Entwicklung ging über den Schmerz. Auch 20 Jahre später flackerte Campinos Blick, als er vom bittersten Moment für die Band erzählte. Bei einem Auftritt 1997 – es war noch dazu das Jubiläum des tausendsten Tote-Hosen-Konzerts – war ein Mädchen zu Tode gekommen. Und plötzlich war alles anders.

Campino: *Es war ein Riesenkonzert, 68.000 Zuschauer sind in dem Moment nach vorne gelaufen, wo wir mit unserem Konzert angefangen haben, und, ja, sie ist zu Fall gekommen, wurde beim Aufstehen nach vorne gedrückt, und dann ist sie erstickt. Das war eigentlich der Moment, wo wir uns selber sehr, sehr hinterfragt haben, und zwar über einen langen Zeitraum hinweg, worum es eigentlich geht im Leben für uns. Wollen wir immer neue Rekorde, wollen wir nur, dass immer mehr Menschen kommen? Was bedeutet das eigentlich, dass man so erfolgshungrig ist, und was ist der Preis dafür? Es war eine große Krise, die mir half, einige Dinge zu begreifen. Zum ersten Mal habe ich verstanden, was mir die Band bedeutet, wie wichtig mir die Musik überhaupt ist, weil es war ja im Raum, dass wir vielleicht nie wieder spielen würden, und darunter hab ich sehr gelitten. Es war sehr tragisch. Und sehr heilsam.*

Nachdenklich saß er da. Die Euphorie über die letzten großen Erfolge blieb aus. »Tage wie diese« war zur Hymne geworden – bei den Wahlerfolgen von Angela Merkel, dem WM-Sieg der deutschen Fußballnationalmannschaft in Brasilien –, aber genauso einer der meistgespielten Songs bei Begräbnissen. *Wenn man mitbekommt, dass sich Menschen in den glücklichsten und traurigsten Momenten ihres Lebens über dieses Stück definieren, dann ist das eine große Ehre für uns,* erklärte Campino. Denn wie immer bedeutet ein Leben in Entwicklung nicht Stehenbleiben, sondern Weitergehen. *Vielleicht haben wir unser bestes Lied noch gar nicht geschrieben? Wie wir uns entwickelt haben, das passt mir jedenfalls gut. Ich bin nicht hungrig nach einem anderen Leben, ich bin mit mir im Reinen.*

Zum Schluss noch zu einem, für den Entwicklung die Veränderung zu einem »verbesserten Ich« bedeutet – und ein Lebensthema ist: Achtmal war André Heller bei mir bereits zu Gast. *Bekomme ich dafür eine Medaille?,* scherzte er das letzte Mal, und leider hatte ich gerade keine dabei, obwohl sie ihm gebühren würde, allein schon für die Lebens-Wegweiser, die er mit seinen Sätzen aufstellt. Bei dieser unserer letzten Begegnung im November 2016 – die ich ein halbes Jahr (!) vorher hatte fixieren müssen, so voll war sein Kalender – erklärte er noch einmal, warum ihm Transformation so wichtig war:

*Ich musste der Arrogante und Größenwahnsinnige von früher sein, um wieder ein anderer werden zu können. Und ich bin immer wieder ein anderer – und Sie auch. Wenn wir uns einmal im Jahr sehen, begegnen sich zwei Menschen, die vollkommen anders sind als beim letzten Mal. Und wenn mir Leut' so freundlich sagen: »Bleiben Sie, wie Sie sind!«, dann sag ich: »Ich schicke Ihnen meinen Anwalt, wenn Sie das noch einmal sagen!« Ich will in keiner Weise bleiben, wie ich bin, ich möcht mich noch einmal verbessern, noch einmal verfeinern, noch einmal durch Umwege an ein Ziel kommen, das ich gar nicht für möglich gehalten habe.*

Diesmal war auch die Wohnung des Künstlers eine andere geworden: Er hatte die Beletage eines Palais in der Renngasse verlassen, gequält durch eine lärmende Dauerbaustelle, und war in eine genauso weitläufige Wohnung am Wiener Franziskanerplatz gezogen. Fast beiläufig meinte er: *Die Wohnung ist mir zugeflogen. Meine Arbeitstechnik ist: Ich bitte um die richtige Lösung zum richtigen Zeitpunkt.* Wen hatte er denn genau gebeten – das Universum?, fragte ich nach, begierig, von dieser offensichtlich sehr nützlichen Arbeitstechnik mehr zu erfahren. *Ja, genau, das Universum. Und dann hab ich ins Internet geschaut. Und dann war sie da. Ja, das ist so. Und wenn es nicht so ist, das soll es nicht so sein. Dann heißt das in meinem Fall vielleicht, überhaupt keine Wohnung in Wien zu haben und ganz nach Marokko zu gehen.*

Beim Hören seiner Sätze kam Erinnerung in mir auf: *Deine Fragen sind wie Blüten im Wind, die man fangen möchte,* so lautete einmal die sehr poetische Eintragung von Reinhold Bilgeri in mein »Frühstück bei mir«-Gästebuch, und André Hellers Antworten erzeugten in mir Ähnliches. Etwas Luftiges, Leichtes haben sie – auch wenn sie von den schwierigsten Aufgaben des Lebens handeln. Wie zum Beispiel, als Mensch, als Persönlichkeit weiterzukommen. Es gehört Mut dazu. Aber man wird belohnt. Aber wodurch passiert Entwicklung jetzt genau, Herr Heller?

Heller: *Man wird verändert durch Schmerzen, man wird verändert durch Lachen, man wird verändert in wunderbarster Weise, wenn man diese Gnade nützt, durch die Kinder, die man hat oder die man sich in sein Leben hineinnimmt, so wie Sie hunderte Kinder in Indien haben, und man wird verändert durch die Liebesgeschichten und durch die Abschiede und durch die Neubeginne – und diese Erkenntnis, dass ein Neubeginn was Gutes ist, darüber gehört mehr geredet. Es ist keine Tragödie, wenn man plötzlich merkt, es schlägt irgendetwas ein ins eigene Leben, und das zwingt einen zur Veränderung und andere Wege zu nehmen. Diese Angst vor der Veränderung ist etwas Gefährliches und weit Verbreitetes. Und auch diese Angst, dass man Beziehungen auch dann nicht bereit ist aufzugeben, wenn man schon merkt, sie durchdringen einen mit der negativen Energie, die sie oft haben. Ich bin ganz dafür, dass man für Beziehungen kämpft. Dass man sagt: Ich bringe dafür jeden Einsatz, herauszufinden, ob diese Beziehung noch das Richtige ist. Aber wenn einmal der Tag gekommen ist, wo man erkennt, das ist nicht das Richtige, dann noch weiter drinnen zu bleiben, halte ich für eine Art von Selbstvergiftung.*

Wir saßen in Hellers neuem Arbeitszimmer, er hatte die Stapel Papier schnell zur Seite geschoben. Wie immer war sein Salon nicht geeignet für meine Aufnahme, der Couchtisch zu niedrig für meine Mikrofone, die nahe beim Gesicht stehen müssen für eine Aufnahme in guter Sendequalität. An der Wand lehnte ein großes Schwarzweißfoto, es zeigte Hellers Sohn Ferdinand, der als Rapper Left Boy international große Erfolge feiert. *Darauf fällt mein Blick am liebsten,* erklärte der beseelte Vater, dessen Augen meinem Blick folgten. *Ich mag das, wenn einer außen und innen schön ist. Das Hinschauen auf andere – das genauere – ist etwas sehr Lohnendes. Man muss nicht immer auf den Kahlenberg fahren und auf Wien herunterschauen oder zu den Niagara-Wasserfällen, man kann auch die eigenen Lieben betrachten wie wirkliche Gottesbeweise und Weltwunder.*

Vier Monate vor seinem 70. Geburtstag fand diese Begegnung statt, Hellers erster Roman »Das Buch vom Süden« hatte gerade die Belletristik- Bestsellercharts erklettert, zu seinen Lesungen kamen bis zu 2000 Leute. Der in den 1960ern bejubelte Chansonnier erlebte jetzt, 50 Jahre später, wieder Popstar-Dimensionen. Als Schriftsteller. Und Lebenskünstler im besten Sinn.

Heller: *Die Leute sagen, was sie interessiert an mir, ist, dass ich mich so verändere im Lauf des Lebens und dass diese Veränderung für sie auch glaubwürdig ist. Und von denen, die uns jetzt zuhören, wird es Zehntausende geben, die selber unterwegs sind zu einem anderen Ich. Also es ist nicht ein Muss, dass man verzweifelt ist, dass man angstgeladen ist, dass man bittere Erfahrungen am laufenden Band macht, sondern es gibt eine tragische Sucht nach Leid. Und viele Menschen, die Leid gut kennen, fühlen sich in diesem Leid auch irgendwie zu Hause. Und ihnen ist das wiederholte Suchen von etwas, wo Leid garantiert ist, leichter, als diesen großen Aufbruch – vielleicht in die Freude – zu machen. Ich kenne das auch wieder von mir, aber das muss nicht so sein, nur weil es immer so war. Und man darf sich auch nicht ein Lebtag lang auf die Kindheit ausreden, nicht ausreden, dass der Vater, die Mutter nicht liebevoll genug waren, das sind wesentliche und oft brennnesselhafte Erlebnisse. Aber man bringt sich dann – und man kann das, wenn man will – noch einmal selber auf die Welt und sagt: »Danke, Vater, für das Beispiel, das du mir gegeben hast, wie ich nicht werden will. Danke, Mutter, für das, was ich sehen durfte bei dir, ich verzeihe dir alles.« Das alles muss man eines Tages segnen und wegschicken und sagen: »Jetzt ist ein Neubeginn! Und verantwortlich für mein Leben, für meine Entwicklung, für mein Glück oder Unglück ist nur einer oder eine – und das bin ich!«*

Wir unterhielten uns weiter, auch über den Wert von Entwicklung. *Es ist eigentlich beruhigend, zu wissen, dass man sich nicht zufriedengegeben hat mit dem weniger Gelungenen, das man vorher war,* bilanzierte André Heller, lachte und fragte mich wie immer, wenn wir die zweite Gesprächsstunde fast vollendet hatten: *Frau Stöckl, Sie fragen noch immer. Wollen Sie eine Sondersendung machen?* Das Frühstück war lang genug gewesen, um wieder Antworten und neue Perspektiven zu bekommen. *Früher habe ich gar nichts gewusst, jetzt weiß ich ein bisschen mehr,* so hatte Gottfried Helnwein seine Entwicklung bei mir beschrieben. Und darum geht's.

**MATTHIAS STROLZ:** »Wir werden eines Tages auf unser Leben zurückblicken und uns fragen: Habe ich mein Lied gesungen? Ganz innen drin den Klang dieses Liedes zu finden, ist die Aufgabe.« **URSULA KARVEN:** »Mit Yoga wird der Kontakt zu unserer Intuition und zu unserem Instinkt geschärft, weil wir wissen die Antworten ja schon vorher. Das finde ich magisch.« **HA VINH THO:** »Irgendwann gelangte ich an einen inneren Ort, den ich nicht kannte, wo es ganz still und friedlich und licht war. Wenn ich tief meditiere, kann ich dieses Erlebnis immer wieder haben.«

# Wie beschreite ich den Weg nach innen?

Es gibt Bilder, die ruft man ab, und dann hat man auch sofort das Geräusch dazu im Ohr. Wenn ich mich im Geiste in mein Kinderdorf in Kalkutta versetze, dann sehe ich nicht nur die kleinen Gestalten vor der Schule, sondern höre auch das Stimmengewirr, das Lachen oder das dumpfe Aufschlagen des Balls, mit dem sie spielen. Genauso ist es, wenn ich an meine Zeit in dem Sitaram Ayurveda Beach Retreat (http://www.sitaramretreat.com/) an der Küste von Kerala in Südwestindien denke. Vom Zimmer aus blickt man auf einen paradiesischen Palmengarten, und die Melodie des Windes in den Blättern, das Kreischen der Krähen und das Branden der Wellen sind der sanfte Soundtrack, der sofort in mir erklingt, sobald ich an diese Tage der inneren Reinigung denke.

Dort habe ich auch Dr. Vignesh getroffen, den Gründer und ärztlichen Leiter im Sitaram, einen Inder Mitte 30, der mit viel Wissen und einem scharfen Auge für die Ursachen, die hinter den Beschwerden seiner Gäste stehen, praktiziert, egal ob es sich um Migräne, Rückenschmerzen, Burnout, Übergewicht oder die Folgen einer Chemotherapie handelt, die mit der ayurvedischen »Panchakarma-Kur« – bei der es ja um das Ausschleusen der Gifte und körperlichen Abfallprodukte geht – gelindert oder oft auch geheilt werden können. Er erklärte mir, dass er diese Ayurveda Clinic in das ansprechende Setting eines Beach Retreat gebaut hat, um Schmerzgeplagten aus dem Westen den Einstieg ins Panchakarma leichter zu machen, und dass es ihm vor allem darum geht, den Menschen zu helfen. Ich glaubte es ihm sofort, ich denke in den vielen »Frühstücks«-Jahren gelernt zu haben, geschönte PR-Sprache von ehrlichen Inhalten zu unterscheiden.

Der Tag im Sitaram begann mit einem braunen, leicht bitteren Trunk in der Früh, den die Krankenschwester bei Morgengrauen auf den Terrassentisch stellte. Auch das Klacken des Behältnisses auf der gläsernen Tischplatte, das ich im Halbschlaf vernahm, ist ein typisches Geräusch des Aufenthalts. Dann folgten Ölmassagen, mit denen die Giftstoffe ausgestrichen werden, Dampfbäder oder die weniger angenehmen Maßnahmen zur Darmreinigung. Der Tag endete meist mit einem Vortrag von Dr. Vignesh in der offenen Yogahalle, hinter ihm konnten wir Zuhörer Himmel und Meer in der schwarzen Nacht erahnen. Egal was der Inder erzählte, es war immer auch eine »Lecture of Life«, ein Wegweiser für das Leben, ein Kompass für die Reisen nach innen.

Einmal war Dharma das Thema, das ja in den verschiedenen Religionen unterschiedlich ausgelegt wird, für mich trifft es die buddhistische Definition am besten: Dharma als Lehre und Anweisung für Praktiken, die zur Erleuchtung führen – nicht, dass ich erwarte, jemals diesen Zustand zu erreichen, aber es tut gut, sich dem Weg zu widmen. Eigentlich war die Anleitung von Dr. Vignesh für innere Klarheit ganz einfach – das meiste, was gut ist, ist auch einfach, das habe ich mittlerweile auch schon gelernt. »Keep it simple«, sagen wir uns auch oft beim Radio, keine sprachlichen Umwege gehen, keine verschachtelten Sätze, klar und unverschnörkelt soll das sein, was wir den Hörern sagen wollen, und gut sind wir dann, wenn die Botschaft auch ankommt und verstanden wird.

Also nannte der indische Ayurveda-Arzt an diesem Abend in Kerala, das Zirpen der Grillen mit seiner festen Stimme übertönend, einige Punkte auf dem Weg zum Dharma: sich nicht dauernd zu beschweren, zum Beispiel, und entschlossen aus der Opferrolle zu steigen. *Werdet doch einfach fanatisch lösungsorientierte Personen,* forderte er sein Publikum auf, und ich notierte mir den Satz, um ihn gleich auf Richtigkeit in meinem Leben zu überprüfen. *Lösungsorientiert bin ich doch ganz sicher,* dachte ich mir, ich, die Sendungsmacherin, die seit 21 Jahren wöchentlich »liefert«, flexibel für die Befindlichkeit der Gäste, für Ab- und Zusagen, die so unberechenbar erfolgen. Dann aber, in der schonungslos ehrlichen Zwiesprache mit mir selbst, fielen mir auch meine zeitweiligen Klagen im druckvollen Alltag ein, und ich gelobte innerlich, diese Anflüge des Opferdenkens gleich wieder wegzuwischen.

Dr. Vignesh sprach weiter: *Dankbar sein.* So viele Gäste hatten diesen Satz schon als ihr Mantra auf den Ö3-Frühstückstisch gelegt. Benediktinermönch David Steindl-Rast zum Beispiel, im Kapitel um das Glück hatte ich ihn schon erwähnt, und auch ich rufe mir mittlerweile täglich meine besondere Lebenssituation ins Bewusstsein. Es fällt mir sehr leicht, besonders seit ich regelmäßig nach Kalkutta reise, die Bilder der verheerenden Slumgebiete und der Kartonbehausungen auf der Straße haben sich fest eingebrannt. *Die glücklichsten Leute sind nicht die, die das meiste haben, sondern die am meisten Glück empfinden über das, was sie haben,* erklärte Dr. Vignesh. *Neugierig bleiben* war ein weiterer seiner Leitsätze. *Langeweile zu verspüren ist nicht natürlich. Das tun nur Menschen, die ihre Neugierde unterdrücken.* Und dort, wo man die größte Leidenschaft und Freude im Tun spürt, findet man auch sein größtes Talent, auch das ist eine Erkenntnis im Dharma.

Das waren also einige jener Antworten, die ich in meinem Leben abseits des Frühstückstisches als Haltung für eine gelungene Reise nach innen bekommen habe. Für ein Streben nach innerer Weisheit und einer Stärkung des inneren Selbst.

Erstaunliches erzählte mir in dieser Hinsicht auch Matthias Strolz. Zweimal hatte ich den Gründer der NEOS vor dem »Frühstück bei mir«-Mikrofon, einmal im Juli 2017 im Zuge der Ö3-»Sommergespräche« – der Interviews mit allen Spitzenkandidaten während des Nationalratswahlkampfes auf Ö3 –, das zweite Mal ein Jahr später, nachdem er seinen überraschenden Ausstieg aus der Politik verkündet hatte. Bei ihm erlebte ich auch sehr deutlich die Transformation eines Menschen, wenn seine Rolle sich verändert. Sehr wortgewaltig, aber doch angespannt begegnete mir der NEOS-Chef während des Wahlkampfes, über seine spirituellen Erfahrungen wollte er, der immer wieder eher abfällig als »Bäumeumarmer« bezeichnet wurde, damals nicht mehr sprechen. Im Juni 2018 dann ein völlig anderer Strolz, die Führung seiner Partei hatte er bereits an Beate Meinl-Reisinger übergeben, erleichtert, leuchtend und offen war er und froh, *nicht mehr müssen zu müssen. Als Unternehmensberater musste ich gute Umsätze machen, damit wir die Löhne zahlen können, als Politiker musste ich gute Wahlergebnisse bringen. Jetzt muss ich für einige Zeit das alles nicht mehr,* sagte der 45-Jährige enthusiastisch mit Blick auf seinen neuen Lebensabschnitt und zitierte Ingeborg Bachmann: »*Aufhören können, das ist nicht eine Schwäche, das ist eine Stärke.*« So will ich es verstanden wissen. Diesmal erzählte mir der Vorarlberger auch ausführlich über seine spirituelle Suche und den Weg nach innen. Es gehe darum, das *Lied seines Lebens zu finden,* sagte mir Strolz da zum Beispiel, dass auch das ein Grund für seinen Ausstieg war – jetzt war für ihn der Zeitpunkt, eine neue Melodie anzustimmen. Strolz erklärte bei diesem »Frühstück« Ende Juni 2018 in seinem Büro des NEOS-Parlamentsklubs, das er Ende September räumen würde, mit Blick auf das Burgtheater und die Kräne im Himmel beim Parlament:

*Sterbeforscherin Elisabeth Kübler-Ross zum Beispiel hat untersucht, was die Gedanken der Menschen sind, wenn sie auf ihrem Sterbebett liegen. Laut ihren Untersuchungen fragen sich die Sterbenden: Hab ich genügend Liebe bekommen und gegeben? Aber auch: Habe ich mein Lied gesungen? Hab ich die Melodie meines Lebens erkannt und gesungen? Andere würden dazu »Berufung« sagen, also Selbsterfahrung, Selbstfindung. Ich glaub, dass das ganz viele Menschen beschäftigt: Was ist für mich stimmig im Leben und auch ein stimmiger nächster Schritt? Wir werden eines Tages sterben, wir werden dann zurückblicken auf unser Leben, und es wird die Frage da sein: Hast du dein Lied gesungen? Und wenn du dann nicht einmal weißt, was war mein Lied?, wenn du das dein Leben lang nicht herausgefunden hast, finde ich das traurig. Ganz innen drin den Klang dieses Liedes zu finden ist die Aufgabe.*

Strolz berichtete über die Vision Quest, eine Methode, die er ausprobiert hatte, um den Weg nach innen zu finden und die Frage zu klären, ob er wirklich eine Partei gründen sollte. Vier Tage lebte er im Wald, nahm keine feste Nahrung zu sich und drei Tage auch keine Flüssigkeit.

*Diese Vision Quest ist ein Format der Persönlichkeitsentwicklung, das sehr gut auch in der Wissenschaft abgebildet ist, durch die sogenannte »Heldenreise« von einem US-amerikanischen Wissenschaftler namens Rebillot. Ich hab's mit einer schamanischen Begleitung gemacht, ein Schamane hat mich in zwei Gesprächen darauf vorbereitet. Und dann sitzt du im Wald und sinnierst über die Dinge des Lebens. Du hast halt eine Ruhe einmal. Jede Weltreligion kennt solche Rituale – das Fasten, zum Beispiel, das habe ich dabei ja auch gemacht. Da kommst schon in Erkenntniszustände, die sind besonderer Art, ja. Dir wird versprochen, in der Metaphorik, der Bildsprache, dass du so das Lied deines Lebens finden kannst. Ich habe damals die Antwort auf die Frage gefunden, ob ich eine Partei gründen soll. Und die war eindeutig Ja.*

Was kann uns noch helfen, zu erspüren, was in uns vorgeht, was im Außen seinen Ausdruck finden möchte oder uns schon allein durch das Verständnis hilft, inneren Frieden zu finden? Schauspielerin Ursula Karven schilderte die schillernden Farben von Yoga, das sie praktiziert und unterrichtet, ich selber absolvierte eine Yogaklasse mit ihr in ihrem damaligen Studio auf Mallorca, bevor wir zum Interview gingen. Sie schwärmte: *Mit Yoga wird der Kontakt zu unserer Intuition und zu unserem Instinkt geschärft, weil wir wissen die Antworten eigentlich schon vorher. Das finde ich magisch.*

Einen Weisheitslehrer möchte ich hier ausführlich zu Wort kommen lassen, er unterwies die Ö3-Frühstücksgemeinde im Jänner 2018 in der Praxis der Meditation und erklärte, wie man sich innen festigen kann, um das Außen besser zu bestehen. Der Franco-Vietnamese, der als Sohn eines Diplomaten in Wien aufgewachsen war und so viele Hörer in »Frühstück bei mir« begeisterte, hieß Ha Vinh Tho.

Zum ersten Mal hatte ich vor zwei Jahren von ihm gehört, meine Freundin Sabine Zorn hatte ihn zu ihrer Auftrittsreihe »Leuchtpunkte-Talks« eingeladen und bat mich, das Gespräch auf der Bühne des Wiener Gartenbaukinos zu moderieren. Ha Vinh Tho war Leiter des Zentrums für Nationalglück in Bhutan, der konstitutionellen Monarchie im Himalaya, wo das Glück der Einwohner Parameter aller Entscheidungen der Regierung und des Königs als Staatsoberhaupt ist. Die Bhutanerinnen und Bhutaner werden regelmäßig befragt: nämlich wie glücklich sie sind und was sie eigentlich wirklich glücklich macht.

Die Veranstaltung war beeindruckend, im Laufe des Bühnen-Talks begann Ha Vinh Tho eine Meditation mit den 500 Besuchern im Kinosaal, leitete sie an, dem Atem zu folgen, sprach Affirmationen, und da saß das Saalpublikum also mit geschlossenen Augen uns zu Füßen, atmete tief ein und aus, ich meinte die Verinnerlichung in einer Woge an Energie, die auf die Bühne schwappte, zu spüren. Außerdem erzählte mein lachender Bühnenpartner Wunderbares aus seiner Vergangenheit, nicht nur aus seinem Lebensabschnitt als Glückslehrer, sondern auch als Buddhist und Zen-Meister. Über eine Reise ohne eine Rupie in der Tasche, die er im Alter von 21 zu Fuß von Varanasi in Indien nach Wien gemacht hatte, sprach er da (*Ich habe erfahren, dass man Vertrauen haben kann, dass Menschen einem helfen werden*), und warum er seiner Frau noch immer jeden Morgen den Kaffee ans Bett bringt. *Das höchste Bild des anderen nie zu verlieren,* das ist sein Rat an alle, die ihre Beziehung über viele Jahre glücklich halten wollen, sich zu erinnern, worin man sich verliebt hat, an das Ideal zu denken, das der Partner einmal verkörpert hat – es steckt noch immer in dieser Person, auch wenn dieses Bild vielleicht durch manch andere Eigenschaften, die als weniger positiv empfunden werden, teilweise übermalt ist. Das alles sagte Ha Vinh Tho auf der Bühne, und dass eine Ebene des Glücks, die der glücklichen Momente und Erlebnisse, eigentlich leicht zu finden ist: *Denken Sie bewusst nach, welche Umstände oder welche Menschen Sie in der Vergangenheit glücklich gemacht haben, schreiben Sie es auf und nehmen Sie sich vor, etwas mehr Zeit und Energie in diese Tätigkeiten oder Begegnungen zu investieren. Rennen Sie nicht dem falschen Leben hinterher,* waren seine Instruktionen und erinnern uns an das, was Matthias Strolz vorhin *das Lied des Lebens* genannt hatte.

Die Besucher hörten den Ausführungen gebannt zu, und mir, der Jägerin und Sammlerin von interessanten Lebensgeschichten und klugen Sätzen, war sofort klar: Dieser Mann musste in meine Sendung! Ich blieb dem Glücksbeauftragten von Bhutan, der weltweit Vortragender war, hartnäckig auf den Fersen – im Jänner 2018 war es dann so weit.

Wir trafen uns in Palézieux, einem Dorf am Genfer See, von dessen Existenz ich bis dahin nichts wusste. Hier wohnte Han Vinh Tho während der Wintermonate, die im hochgelegenen Bhutan sehr streng sind, auch die Schulen bleiben dann geschlossen, außerdem lebten seine mittlerweile erwachsenen Kinder in der Schweiz, schließlich hatte der beseelte Pazifist jahrzehntelang für das Internationale Rote Kreuz in Genf gearbeitet. Mit Kappe auf dem Kopf und Schlabber-Anorak holte mein Interviewpartner mich am Bahnhof ab, wir fuhren zweimal ums Eck und waren in seinem Haus mit Garten angelangt. Eine Villa in Kunterbunt-Atmosphäre eröffnete sich, Fotos aus Bhutan hingen an den Wänden, die im Wohnzimmer waren karminrot, jene in der Küche grün gestrichen, Bücher überall, in den Regalen und auch gestapelt in den Ecken. *Wir leben in einem offenen Haus*, lachte Tho und bereitete den grünen Tee auf einem vietnamesischen Tablett, *meine Frau und ich sind eher chaotisch und lebendig. Unsere Gäste sollen nicht eingeschüchtert sein und das Gefühl haben, sie machen Unordnung. Weil die ist schon da.*

Ein anderes Bild aber bot sich im Meditationsraum im ersten Stock – sein Rückzugsort für den Weg nach innen, er war mit dem Nötigsten ausgestattet, klar und geordnet. In der Mitte lag eine Matte, flankiert von zwei kleinen Altären. Auf einem standen Fotos seiner spirituellen Lehrer, etwa des vietnamesischen Mönchs Thích Nhất Hạnh. *Es geht darum, sich der großen Lehrer der Vergangenheit, aus deren Weisheit wir uns nähren, bewusst zu werden und ihnen innerlich zu danken*, erläuterte Ha Vinh Tho. Auf dem anderen, dem »Ahnenaltar« reihten sich Bilder in Schwarzweiß, darauf waren die letzten Generationen seiner Familie zu sehen. Tho erläutere, dass es in der buddhistischen Tradition besonders wichtig sei, die Ahnen zu ehren, jeden Tag in der Früh stellt er eine Tasse Tee auf diesen Altar als Symbol seiner Dankbarkeit, *um sich mit ihnen zu verbinden, auch zeitlich. Ich wäre nicht da ohne die vielen Generationen von Menschen, die gearbeitet haben, sich bemüht haben, alles aufgebaut haben. Die meisten Sachen denke ich, weil es jemand vor mir gedacht hat. Gleichzeitig gilt es auch Verantwortung den Nachkommen gegenüber zu empfinden. Dieses Gefühl des Zeitstromes zeigt uns, dass wir nur ein kleines Glied in der Kette sind. Es macht uns demütig.*

Der Glückslehrer praktizierte jeden Morgen mindestens eine Stunde Meditation. Die richtige innere Gesinnung ist seiner Meinung nach die Voraussetzung für so vieles, das wir anstreben, vor allem aber für Glück und Zufriedenheit. Ha Vinh Tho erklärte auf Ö3:

*Viele verwenden viel Zeit und Energie darauf, zu arbeiten, um möglichst viel Geld zu verdienen, dass sie keine Zeit mehr haben für ihre Familie, ihre Freunde, ihre Hobbys. Und wenn das viele Geld da ist, dann ist es irgendwie enttäuschend, weil das schönste Auto der Welt ist ja auch nur ein Auto. In unserer Kultur sind wir sehr darauf konzentriert, die äußeren Umstände zu verbessern, aber die äußeren Umstände allein werden nie genügen, wenn ich meine eigenen Gedanken, Gefühle nicht in eine positive Richtung führen kann. Und das ist da, wo eben Sachen wie Achtsamkeit, Meditation, wo man bewusst positive Gefühle pflegt, eine große Rolle spielen, denn ich kann eine schwierige Situation besser aushalten, wenn man eine innere Festigkeit hat, ein inneres Gleichgewicht hat, wogegen die beste äußere Situation wird nie genügen, wenn ich innerlich deprimiert, frustriert bin oder Angst habe.*

Wir waren wieder an den kunterbunten Küchentisch zurückgekehrt, in mir wirkte noch die mystische Atmosphäre des Meditationsraumes, wo Tho auf der Matte gekniet war, eigentlich nur für ein Foto, aber plötzlich hatte ich den Eindruck gehabt, als wäre er in eine andere Dimension gerutscht, in tiefer Versenkung und komplett verinnerlicht. All das war wohl Resultat von jahrzehntelanger täglicher Übung. Seine Meditationen machte er übrigens auch vor einem Thangka, einem religiösen Gemälde, das den Buddha des Zorns und des Ärgers zeigte. Tho gab in »Frühstück bei mir« klare Leitlinien auf dem Weg nach innen:

*Du hast gesagt, dass die Meditation damit beginnen soll, Menschen, die man liebt, das Beste zu wünschen, um sich dann auf die zu konzentrieren, mit denen man Probleme hat. Warum ist das so wichtig?*

Ha Vinh Tho: *Der Anfang des Meditationswegs besteht darin, dass man positive Gefühle und gute Haltungen bewusst pflegt – wie*

*Dankbarkeit, Großzügigkeit, Mitgefühl, Liebe und so weiter. Man konzentriert sich zuerst auf das Positive, weil das muss man stärken. Aber das allein genügt nicht, denn wir haben ja auch negative Gefühle, wir haben Ärger, Zorn, Eifersucht, Gier und Neid, und wenn man sich nicht damit beschäftigt, dann unterdrückt man sie lediglich. Es ist wichtig, sich auch mit den Schattenseiten der eigenen Persönlichkeit zu beschäftigen. Diese zornhafte Buddha-Figur, die du gesehen hast, ist ein Symbol davon. Meditation ist nicht ein Kampf des Guten gegen das Böse, Meditation ist Integration meiner gesamten Persönlichkeit, das heißt, ich werde mir bewusst, alles, was in mir ist – sowohl das Positive wie das Negative –, erstens mal wahrzunehmen, zweitens zu akzeptieren und dann erst zu verwandeln. Denn was man nicht wahrnimmt, kann man nicht akzeptieren, was man nicht akzeptiert, kann man nicht verwandeln. Das ist der Prozess nach innen.*

Mir schossen meine Konflikte durch den Kopf, Streit mit Menschen, die, wie ich meinte, so anders waren als ich. Oder waren wir uns einfach nur zu ähnlich? Wie so oft verstand ich durch meinen Frühstücksgast auch so viel von meinem eigenen Leben, und wahrscheinlich sind diese spannenden Erklärungen auch ein Grund, warum mich die Aufgabe, diese Sendung zu gestalten, schon so lange fesselt. Ha Vinh Tho führte weiter fort:

*Und dann gibt es den Prozess nach außen, weil all das spiegelt sich nach außen. Gewisse Leute ärgern mich fürchterlich, warum ärgern sie mich fürchterlich? Sie ärgern ja nicht jeden, sondern mich ärgern sie! Weil etwas in ihnen spiegelt etwas, was ich in mir nicht mag, und diese unverwandelten Elemente in meiner Persönlichkeit spiegeln sich dann in schwierige Beziehungen. Und wie kann man die verwandeln? Indem man auch die guten Seiten in diesem Menschen entdeckt und in die Beziehung miteinbezieht. Einerseits ist eine Persönlichkeit vielleicht unerträglich, aber er oder sie hat auch ein ganz anderes Potenzial, das ich meist nicht mehr sehe, weil ich zum Beispiel zerstritten bin. Auf einmal sieht man nur noch das Schwarze. Und damit bewusst umgehen zu lernen – warum sehe ich denn das Schwarze bei dem anderen, und was hat das mit mir zu tun? Solche Übungen sind das bei meiner Meditation.*

Es war nicht das erste Mal, dass ich vom Integrieren der eigenen Schatten hörte, Rüdiger Dahlke, Autor für spirituelle Themen, hatte auch oft davon erzählt. Aber ist es nicht entsetzlich schwer, all die Erkenntnisse und gut gemeinten Vorsätze im Alltag dann auch wirklich zu leben? Ich fragte nach.

*Wenn jetzt zum Beispiel die Mutter ungeduldig oder zornig wird, weil der 15-jährige Sohn schon wieder mit dem Smartphone am Frühstückstisch sitzt? Was wäre jetzt für eine gefestigte Persönlichkeit die richtige Reaktion?*

Ha Vinh Tho: *Es ist schwer zu verallgemeinern, aber man weiß ja, dass, wenn sich die Mutter darüber ärgert, die Situation ja auf keinen Fall besser wird. Dann werde ich sagen: »Also, das halt ich jetzt wirklich nicht mehr aus! Schon wieder bist du am Smartphone!« Und der Sohn wird's vielleicht nicht sagen, aber er wird denken: »Dumme Kuh!«, und dann geht er in sein Zimmer und tut dort weiter. Das wird auf jeden Fall nichts regeln, sondern die Frage ist immer: Woraus handelt oder spricht man? Zum Beispiel: Stört es mich, weil es mich ärgert, dass er sich nicht mit mir unterhält, oder hab ich wirklich sein Wohlergehen als Anliegen? Und wenn ich sein Wohlergehen als Anliegen hab, kann man dann aus diesem Gefühl des Wohlwollens ein Gespräch beginnen, das ein ganz anderes Gespräch ist, als wenn man es mit dem Gefühl des Ärgers und der Wut führt? Es heißt nicht unbedingt, dass es sofort die Situation* ändern wird, aber man kann davon ausgehen, dass dadurch ein Dialog anfängt: Warum ist ein Smartphone wichtiger als der Mensch, der mir gegenübersitzt, und kann man ein Gleichgewicht finden? Ja, also, aus welcher Quelle heraus handelt man? Das macht einen Riesenunterschied.

Die Quelle unserer Begegnung stimmte offensichtlich, es sprudelte aus meinem Gesprächspartner, und in seinen Augen entdeckte ich Neugierde auf die nächste Frage, so wie ich das Gedanken-Pingpong liebe. Auch ein praktizierender Buddhist wie Ha Vinh Tho hatte seine Reizfiguren, das kam auch zutage, Donald Trump war eine für ihn.

*Du hast gesagt, die höchste Form der Meditation ist, auch den Menschen, die man nicht so mag, Glück und Liebe zu schicken. Funktioniert das für dich auch mit dem amerikanischen Präsidenten?*

Ha Vinh Tho: *Ich muss zugeben, er ist eine ziemliche Herausforderung! (Lacht.) Aber ich versuch's immer wieder – und den kritischen Blick behalten sollte man ja trotzdem. Ich würde behaupten, er macht gewisse Sachen, die wirklich negativ sind, wie zum Beispiel, Amerika aus dem Pariser Klimaschutzabkommen zurückzunehmen. Es ist für mich objektiv eine negative Tat, denn die Zukunft unseres Planeten, die Zukunft unserer Kinder wird dadurch beeinträchtigt. Aber das hindert mich nicht daran, regelmäßig zu versuchen, ihm Liebe und Mitgefühl zu schicken, denn mein Gedanke ist, wenn jemand so etwas Negatives tut, ist irgendetwas in ihm, was problematisch ist, und vielleicht nicht bewusst, aber auf einer tieferen Stufe leidet er wahrscheinlich darunter. Und damit kann ich mich verbinden, dass ich sage, wenn er ein glücklicherer Mensch wäre, würde er nicht so negative Sachen tun.*

*Aber er wurde ja von einer Mehrheit gewählt, die zum Beispiel für seinen Vorschlag war, Obamacare abzuschaffen – könnte man nicht sagen, viele Amerikaner sehen das Glück in seiner Präsidentschaft?*

Ha Vinh Tho: *Die Tatsache, dass jemand gewählt wurde, heißt ja immer noch nicht, dass es gut ist, denn im Buddhismus sprechen wir von drei Grundgiften im Geist, und das erste ist Unwissenheit. Sehr viel Negatives geschieht aus Unwissenheit. Viele der Trump-Wähler sind Leute, die von Obamacare abhängig sind, und dass sie die Konsequenzen ihrer Wahl auf ihr Leben nicht sehen, ist einfach Unwissenheit. Diese grundsätzliche Ignoranz oder Unwissenheit ist das Gefühl des Getrennt-Seins, des Nicht-Anerkennens, dass wir als Menschen alle voneinander abhängig sind. Also zu predigen »America first, make America great again« ist ein typischer Ausdruck der Ignoranz, des Glaubens, man könne Amerika glücklich machen, indem man alle anderen Länder unglücklich macht, und das ist einfach ein Blödsinn. Und deswegen: In meinen Augen ist es eine volkspädagogische Aufgabe, dass wir uns klar werden, wir leben in einer interdependent, interconnected world, in einer Welt aus gegenseitiger Abhängigkeit, aus gegenseitigen Wirkungen ... und wir können überhaupt nicht ein Problem isoliert lösen, wir können nicht ein Land allein glücklich machen, das »Wir« sind jetzt 7,5 Milliarden Menschen, das ist »Wir«.*

Wichtige Gedanken, auch für die Situation in Europa. So schenkte uns Ha Vinh Tho mit seinen Worten so viel Inspiration, beim Blick auf die großen Zusammenhänge und auf die kleinen. Und einmal noch lasse ich ihn die Taschenlampe führen, zum Ausleuchten des Weges nach innen, der uns weise machen soll und gelassen, beschreiten wir ihn gedanklich bis zum Ende. Bis zu unserem Ende. Auf dem Esstisch des bhutanischen »Glücksministers«, wie er oft genannt wird, lehnte eine Postkarte mit der

Aufschrift: *Nirwana is cool, Nirwana is now.* Wie kann dieses höchste heilige Ziel des Nirwana so flapsig »cool« genannt werden?

*Ha Vinh Tho: Das ist eine Kalligrafie von meinem Lehrer Thích Nhất Hạnh, und das ist fast wie ein Schmunzeln. Nirwana, das ist die höchste Form der Erleuchtung, wenn der Geist völlig erwacht ist. Das klingt wie etwas unglaublich Großes wie Paradies, etwas Unerreichbares, aber Thích Nhất Hạnh schmunzelt und sagt: »Nein, das ist nichts Besonderes, aber es ist wirklich cool.« (Lacht.) Aber man stellt sich oft vor, Nirwana ist etwas, das wir nach Jahrzehnten meditativer Praxis oder sogar erst nach mehreren Leben voll intensiven Übens erreichen werden, und er sagt: »Nein, nein, das völlige Erwachen ist jetzt.« Wenn wir im Jetzt völlig verankert sind, ist das schon das ganze Leben, alles ist schon da, ist schon gegeben. Das ist, was dieses Kärtchen bedeutet.*

Bei meiner Frage nach unserer letzten Bestimmung kam Erstaunliches zutage, und so schloss sich der Kreis. Ha Vinh Tho gestand plötzlich, dass er den Weg nach innen angetreten hatte, weil er als Teenager große Angst vor dem Sterben empfunden hatte. Wie so oft erschlossen sich am Ende dieses langen, fast dreistündigen Gesprächs noch einmal ganz große Geschichten. Wo liegt der Zusammenhang zwischen Sterbensangst und Meditation, wollte ich wissen und blickte weiter in seine wachen Augen und spürte seinen wachen Geist:

*Ha Vinh Tho: Ja, und ich hab keine Ahnung, wo es herkam. Ich lag am Abend im Bett, und auf einmal wurde mir bewusst, ich werde eines Tages sterben, und es gibt nichts, was ich tun kann, um das zu verhindern. Und es waren Terrorerlebnisse. Sodass ich mir dann Fragen gestellt habe: Entweder ich flüchte davor, oder ich sag, okay, so ist es, und jetzt versuche ich zu verstehen, was es ist. Dadurch habe ich angefangen, mich spirituell zu interessieren und zu meditieren. Und ich hatte als 18-Jähriger so was wie ein Nahtoderlebnis am Himalaja. Ich war in Nepal, und ich hatte mich verlaufen, und ich hab gedacht, ich werde sterben, und dann spürte ich große Angst, Wut, Verzweiflung, Selbstmitleid und alles Mögliche. Dann irgendwann aber gelangte ich an einen inneren Ort, im Sinne von einem inneren Bewusstseinszustand, wo es ganz still und friedlich und licht war, den ich nicht kannte. Ich war ganz erstaunt, dass es so was gab, selbst in dieser Todesgefahr konnte ich noch darüber staunen. Und das war für mich ein ganz wichtiges Erlebnis, wo ich gemerkt hab, jenseits der seelischen, psychologischen Seite und der Emotionen gibt's noch eine höhere oder tiefere Ebene, und man kann lernen, sie zu erreichen.*

*Und du glaubst, so wird es nach unserem Ende sein, so wie du dieses Gefühl hattest in der Nahtoderfahrung, so still und ruhig und hell?*

Ha Vinh Tho: *Nein, nicht unbedingt, ich weiß es nicht. Aber ich weiß nur, es gibt in mir einen Ort oder einen Bewusstseinszustand jenseits der Phänomene des Auf und Ab, des Leids und der Freude. Und ich kann, zum Beispiel, wenn ich sehr tief meditiere, dieses Erlebnis immer wieder haben. Und ich weiß, das da ist nicht geboren und wird nicht sterben. Und diese Gewissheit, diese Erfahrung gibt mir eine große Sicherheit, dass ich im Tiefsten keine Angst habe. Was nicht heißt, dass Sterben nicht ein sehr schwerer Moment sein wird, oder vielleicht auch nicht. Ich habe meinen Vater auf seinem Totenbett begleitet, und seine letzten Worte waren: »Es ist alles gut, es ist alles sehr gut.« Und dann ist er gestorben. Ich wünsch mir, auch so zu sterben.*

Wir schweigen kurz, ich war berührt von seinen Erzählungen und ließ sie wirken. Ob er sich wünschte wiederzukommen? *Ja, natür-*

*lich, ich bin überzeugt davon, dass ich wiederkomme,* sagte Tho. Als Mensch? *Na hoffentlich! Ich finde eigentlich, das menschliche Dasein hab ich gern, ich leb gern als Mensch,* lachte er. Dann wird sich der Weg nach innen wieder eröffnen. Manche Schritte darauf hat man mir gewiesen – am Genfer See, in Indien, auf Mallorca, in einem Büro in der Wiener Löwelstraße –, manche habe ich selber gefunden.

Es lohnt sich in jedem Fall, den Weg nach innen zu gehen.

**GERT VOSS:** »Ich spiele nur für meine Frau, für keinen anderen Menschen auf der Welt. Das Leben als lebenswert zu sehen – das geht nur über sie.« **KATHARINA STRASSER:** »Ich sah ihn, und meine Gebärmutter begann zu hüpfen. Da wusste ich: Hier steht der Richtige.« **SENTA BERGER:** »Beziehungsarbeit ist für mich, dass man langsam, aber sicher einsieht, dass der andere unveränderbar ist.« **DAGMAR KOLLER:** »Ich bin nie auf Reisen gegangen, ohne sein Stofftier in eine bestimmte Position aufs Bett zu stellen, dass er merkt, ich denke an ihn. Dem anderen eine Freude zu bereiten – darum geht es doch.« **HELMUT ZILK:** »Die Jahre haben mir genützt. Meine Frau ist der Kompass meines Lebens, ich betrachte sie und gehe in die Richtung, die sie vorschlägt.«

# Wie gelingt die Liebe?

Ein großer innerer Friede kommt in mir hoch, wenn ich meine Eltern besuche. Ich mache das fast jeden Sonntag, dann, wenn die Arbeit nach »Frühstück bei mir« am Sender erledigt ist. Wieder in den Garten zu blicken, in dem ich aufgewachsen bin, ist einfach wunderbar, genauso wie Mamas Brathuhn oder die köstlichen Pasta-Kreationen meines Vaters, und ich lache, wenn er gleich zur Begrüßung anmerkt, dass ich wieder nicht pünktlich bin – lange habe ich erklärt, dass es eben eine Zeit dauert, den Podcast und die Postings zu machen sowie Reaktionen der Hörer zu beantworten. Aber längst schon ist sein Satz »Du bist schon wieder so spät, wir sind bald bei der Jause« ein Running Gag zwischen ihm und mir geworden, und ich würde viel vermissen, wenn ich diese Bemerkung aus seinem Mund nicht mehr hören würde. Das Weltgeschehen zu kommentieren und natürlich auch die neuesten Ereignisse aus dem Umfeld zu besprechen ist die Natur dieser Familien-Mittagessen nach meinem Radiofrühstück am Sonntag. Besonders ist für mich aber auch, den Spätherbst einer Liebe mitzuerleben, denn meine Eltern sind seit 58 Jahren verheiratet, seit unglaublichen 63 Jahren ein Paar.

Meine Mutter war blutjunge 16, mein Vater 18 Jahre alt, als sie einander kennengelernt haben. Eigentlich ging es ja darum, dass ein Freund meines Vaters eine Kollegin meiner Mutter kennenlernen wollte. Beide hatten jeweils zwei Freunde mitgenommen, und so saß man plötzlich zu sechst in einem Café im Wiener Haas-Haus, dort, wo später das Do & Co seinen Platz finden sollte. Bärbl und Kurti, die einander eigentlich näherkommen wollten, gingen bald wieder auseinander, zurück blieben Willy, Arztsohn aus Wien-Hernals, und die Traude aus Stammersdorf, die der jungen Grace Kelly ähnlich sah (meine Mutter würde sich in ihrer großen Bescheidenheit dagegen verwehren, aber ich empfinde es genau so, wenn ich ihre Jugendbilder sehe). Es war nicht einfach für meinen Vater, seiner Mutter klarzumachen, dass das Mädchen aus der Vorstadt die künftige Schwiegertochter sein sollte, sie hätte gerne Vornehmeres gesehen. Mein Großvater war da herzensklüger und meinte nur: »Wenn du das Mädl liebst, dann heirate es.« 1960 war es so weit, eine bescheidene Hochzeit in der kleinen Kirche in Wien-Schwechat, meine Mutter stand vor dem Priester und war bereits im siebenten Monat mit meiner ältesten Schwester Suzy schwanger. Ich wurde sechs Jahre später als viertes von insgesamt fünf Geschwistern geboren.

Was also habe ich bei meinen Eltern gesehen, die seit unglaublichen 63 Jahren ein Paar sind, was mir in meinen Beziehungen Kompass war?

Zuerst die Kunst des Kompromisses. Meinen Eltern gelang allerdings noch viel mehr bei diesem Aushandeln eines gemeinsamen Weges: nämlich nicht nur, dass einer nachgab, sondern vielmehr vom anderen für eine Welt begeistert wurde, die er so nie kennengelernt hätte. Ob es die Reiselust meines Vaters war, die meine Mutter ihr Zuhause zunächst nur unter Protest verlassen ließ – ihre Begeisterung, wenn sie heute noch von den Reisfeldern auf Bali und der Mystik rund um die goldenen Pagoden in Burma erzählt, zeigt, wie unendlich groß die Bereicherung durch diese gemeinsamen Reisen war, dass sie viele Plätze besuchte, die sie sonst nie im Leben gesehen hätte. Mein Vater wiederum ließ sich von seiner Frau die Augen für die Schönheit in nächster Nähe öffnen. Er, der nur weit weg wollte, weiß mittlerweile die Wunder gleich vor der Tür zu schätzen, die Anmut des Lavendels und der Rosen im Garten zu erkennen und die Melodie im Krähen der Raben. Es liegt viel Bereicherung im Kompromiss.

*Wer nicht spricht, zerbricht,* hat die Therapeutin Gerti Senger einmal in »Frühstück bei mir« gesagt, und auch meinen Eltern zeigen, dass Gespräche in einer Partnerschaft nie aufhören dürfen. Selbst im Alter von 81 und 79 Jahren unterhalten sie sich jeden Tag stundenlang: über das Leben ihrer fünf Kinder und acht

Enkelkinder, auch über Politik, das Wetter und natürlich genauso darüber, was gerade schmerzt und wann der nächste Arzttermin kommen wird. Mit einer großen Liebe alt zu werden – es ist Geschenk und Aufgabe zugleich.

Außerdem: Nur wer verzeihen kann, weiß wirklich zu lieben. Das zeigten mir meine Eltern in ihrer Ehe, davon erzählten mir unzählige Frühstücksgäste. Papst Franziskus hat das auch in seinem wunderbaren Werk »Amoris laetitia« beschrieben: Da empfiehlt er den Paaren, den Groll, der sich in ihrem Herzen manchmal einnisten könnte, *keinen Raum zu geben,* sondern sich um Vergebung zu bemühen. Otto Schenk, seit 1956 mit seiner Renée verheiratet, nannte es *nie böse schlafen gehen.* Es mag simpel klingen, doch die Lösung ist oft sehr einfach.

Langzeitlieben und ihre Liebeskonzepte – drei davon möchte ich hier anführen, weil man von ihnen viel lernen kann. Wie auch ich es von meinen Eltern getan habe.

Es war ein Haus, wie es auch im schottischen Hochland zu finden ist – mächtig, alt, verwittert. Tatsächlich befand es sich aber am Stadtrand von Wien, am Rande der Weinberge in Neustift am Walde, umgeben von hohen Bäumen. Mit meiner Tasche voller Mikrofone und dem Aufnahmegerät balancierte ich über die unebenen Steine zum Eingang der Jahrhundertwende-Villa. Ursula Voss öffnete mir, ihr braunes Haar zum Knoten zusammengefasst, und führte mich ins Wohnzimmer zu ihrem Mann. *Ich bedanke mich, dass Sie Zeit für unser Gespräch finden konnten,* sagte ich zu Gert Voss, dessen Schauspielkunst mich schon so oft so tief beeindruckt hatte. Er meinte, ausdrucksstark wie immer: *Ich habe zu danken. Ich freue mich doch, endlich* Sie *kennenzulernen.* Das klang nicht nach einer Floskel und war für mich überraschend. Der Star war neugierig auf die Interviewerin, es berührte mich in diesem Moment. Sein Respekt war viel größer, als ich es erwartet hatte und auch als es mir für mich angemessen schien.

War doch er der Zauberer auf der Bühne, ich nur diejenige, die seine »Tricks« bestaunen und jetzt hinterfragen durfte. Doch oft haben auch die richtigen Fragen eine gewisse Magie.

Ursula Voss stellte den selbst gebackenen Marillenkuchen auf den Tisch, sie wollte diesmal nicht bleiben, obwohl sie meistens bei den Interviews ihres Mannes dabei war, diesmal war etwas anderes, Wichtigeres zu tun. Raumfüllend blieb sie auch in ihrer Abwesenheit, durch seine bildhaften, liebevollen, bewundernden Erzählungen über sie. Zum Zeitpunkt unseres Frühstücks hatte das Paar schon 35 Jahre Beziehung hinter sich, symbiotisch könnte man ihre Verbindung nennen, die mit dem wohl wesentlichsten Ausgangspunkt gelungener Liebe begonnen hatte: dem Erkennen, dass dieser Mensch vor einem der richtige ist, als liebevoller Begleiter auf dem weiteren Lebensweg. Schauspielerin Kathie Straßer beschrieb bei mir als inneres Zeichen, als sie ihren späteren Mann Thomas Stipsits auf der Bühne sah und ihn sofort als den Wahren erkannte, launig: *Ich sah ihn, und meine Gebärmutter begann zu hüpfen. Da wusste ich, hier steht der Richtige.*

Bei Gert Voss klang es romantischer, er erinnerte sich in »Frühstück bei mir« an jene Party in München, die seine Schwester ausgerichtet hatte und auf der er, damals ein mittelloser Schauspieler, Ursula zum ersten Mal sah: *Ich dachte sofort, das ist die schönste Frau, die ich je in meinem Leben gesehen hab. Dann habe ich sie einfach zum Tanzen aufgefordert. Es war eine Liebe auf den Schlag, wie ein Blitz, der uns beide traf. Das berühmte Erlebnis wie bei Romeo und Julia.«* Ursula Voss trennte sich noch an diesem Abend von ihrem Freund, der auch auf der Party war. Eine große Gnade: sofort zu wissen, dass man zusammengehört. Und sich dabei auch nicht zu irren. Aber: Warum ging es so gut weiter?, fragte ich Gert Voss in seinem schummrigen Wohnzimmer mit Blick in den Wald.

*Warum hat Ihre Lebensgemeinschaft über so viele Jahrzehnte funktioniert?*

Gert Voss: Die hat deswegen funktioniert, weil wir uns beide so lieben, so einfach ist das. So radikal uneingeschränkt. Wir waren vollkommen elektrisiert, als wir einander sahen. Beide.

*Aber war diese große Liebe dann immer da? Ich kann mir vorstellen, dass sie sich auch abnützt. Ist das nicht so?*

Gert Voss: Nein, überhaupt nicht. Also ich weiß nur, wenn es meine Frau nicht gäbe, ich hätte die Schauspielerei nicht durchgestanden, entweder wäre ich irgendwann weggelaufen, oder ich hätte angefangen zu trinken. Ich hätte den Beruf nicht ausgehalten, er wäre mir zu blöd gewesen. Diese Abhängigkeit, ob Sie jetzt noch eine interessante Rolle bekommen, die Abhängigkeit, ob Sie mit dem Regisseur können oder ob vielleicht beim Spielen die tötende Routine einkehrt. Durch meine Frau aber, dadurch, dass sie auch immer zuschaut, ist jeder Abend für mich elektrisierend, ich kann mir überhaupt nicht vorstellen, einen Abend zu spielen, an dem sie nicht da ist. Da wäre ich vollkommen aufgeschmissen.

*Sie spielen also für sie?*

Gert Voss: Ja, ich spiele nur für sie (lacht). Ich spiele nur für sie, für keinen anderen Menschen der Welt. Und dann, der andere Punkt ist, dass ich mir überhaupt nicht mehr vorstellen kann, wie ich leben könnte ohne meine Frau. Das Leben als lebenswert zu sehen – das geht nur über sie. Das Zusammenleben mit meiner Frau, das ist das Wichtigste.

Ein Beziehungsmodell, das nicht jeder anstrebt: sich als Teil eines anderen zu begreifen. Sich erst in den Augen des anderen wahrgenommen zu fühlen. Erst dadurch ins Gleichgewicht zu gelangen.

Ein halbes Jahr später, als wir uns für ein Gespräch anlässlich meiner Weihnachtssendung wieder trafen, verriet Gert Voss mir seine größte Angst: dass seine Frau früher sterben würde als er.

Und überhaupt, er sei so *lebenshungrig*, sagte der Jedermann der Jahre 1995 bis 1998 in Salzburg zu mir, *den Tod zu spielen, das macht teuflisch Spaß. Aber ihn wirklich in seiner Nähe zu wissen, das ist scheußlich.* Der große Bühnenstar starb im Juli 2014 an den Folgen einer Leukämie, seine Frau Ursula ging nur fünf Monate später, es war nicht wirklich überraschend – das Leben ohne die raumfüllende Liebe war leer. Ihre Tochter Grischka erzählte ein Jahr später in der Tageszeitung »Die Presse« berührend, wie sie ihrer Mutter, die nach einer Gehirnblutung schon in einem Dämmerzustand war, den Abschied leichter machen konnte:

*Ich habe zu ihr gesagt, du brauchst keine Angst zu haben, ich bin bei dir, und ich hab dich ganz fest lieb, und geh jetzt zu Papi. Das hab ich zweimal gesagt, und dann hat sie langsam dieses Auge zugemacht, und das Herz hat aufgehört zu schlagen.*

Den anderen in der anderen Welt wiederzusehen – es ist ein Trost und erleichtert vielen den Übergang.

Voneinander abhängig sein, im besten aller Sinne, oder doch bewusst zwei Menschen bleiben? Das Leben gibt eben viele verschiedene Antworten, wie Liebe gelingen kann. Wir begeben uns jetzt in eine Villa in München, ähnlich wie jene von Gert Voss, ein Jahrhundertwende-Haus, das Geschichte atmet – die herrschaftliche Eingangshalle mit einer steinernen Treppe, die sich in den ersten Stock schwingt, ist mir in besonders starker Erinnerung.

Schauspielstar Senta Berger empfing mich an diesem Mai 2001, ich hatte mich gefreut, dass sie für unser Gespräch nach Hause geladen hatte, die persönliche Dimension wird im privaten Umfeld einfach leichter gesponnen. Frischer Apfelstrudel wurde serviert, den ihre damals 96-jährige Mutter extra für meinen Besuch gemacht hatte. Die Generationen lebten zusammen in dem großen Haus, es war friktionsfrei, und dank ihrer Mutter stand immer eine frisch gekochte Mahlzeit auf dem Tisch. Die Schauspielerin erklärte mir lachend mit ihrer samtenen Stimme: *Meine Mutter kommt aus einer Familie, wo das ganz wichtig war, um zwölf Uhr wurde gegessen, der Vater hat darauf bestanden.* »*Diese modernen Frauen, die nix kochen*«, *sagt sie immer*, »*ja das ist doch nix, ein Mann muss doch etwas zum Essen haben.*« Für die Gäste bereitete die alte Dame immer eine Mehlspeise zu. Und herrlich war er, dieser Apfelstrudel, er erinnerte mich an den Apfelstrudel meiner Kindheit, mit vielen fetten Bröseln, reichlich Zimt und einer Menge gedünsteter Äpfel. In die Speisen unserer Kindheit zu beißen, das tut immer gut.

Senta Bergers 60. Geburtstag war gerade verstrichen. Das Älterwerden war ein Thema, natürlich, auch ihre Ehe mit Michael Verhoeven, mit dem sie seit September 1966 verheiratet war. Wieder eine Verbindung, die über Jahrzehnte Bestand hatte, 35 Jahre waren es zum Zeitpunkt unseres Treffens genau. Wie viel »Beziehungsarbeit« sei denn dafür nötig gewesen? Ein Begriff, an den die Künstlerin nicht glaubte. Warum denn nicht?

Senta Berger: *Ich meine, das Wort »arbeiten« mag ja ganz schön sein für gewisse Dinge, aber eben in Liebesdingen funktioniert das für mich nicht. Es sei denn, man stellt sich unter »an einer Beziehung arbeiten« vor, dass man langsam, aber sicher einsieht, dass der andere der Mensch ist, der er ist, und dass er unveränderbar ist. Zwei bleiben, anstatt eins werden wollen, das finde ich ganz wichtig.*

Und dann sprach sie von Bestimmung, von der Liebe auf den ersten Blick, dass ihr Mann *mein unausweichliches Schicksal war, das hab ich gewusst von dem Moment an, wo ich ihn gesehen habe.* Aber dass es schwierig sei, den gemeinsamen Alltag über Jahrzehnte zu bestehen. Denn die rosarote Brille hatte sie schon lange weggelegt:

Berger: *Es ist eben schwierig, zu erkennen, dass der andere unveränderbar ist. Das ist meine feste Meinung. Ich hab einen Mann*

geheiratet, der genau so, wie er heute ist, schon vor 30 Jahren war. Also, er wird mit mir nie zu Ikea fahren!
*Hätten Sie das gerne?*
Berger: *Na ja, freilich hätte ich das gerne ...*
*Wünschen Sie sich auch, dass er die Nägel einschlägt?*
Berger: *Ja. Und, mein Gott, man wird ja doch mal ein Regal aufstellen können, verdammt noch mal. Oder so was. Aber er wird nie im Garten etwas tun, außer gehen und schauen und sagen:* »*Oh, wie schön.*« *Aber nie, nie Laub rechen, so einen hab ich nicht! Und so einen hab ich nie gehabt. Ich hab gedacht, ich mach das aus ihm, der wird schon sehen ... also dieses Begreifen, sich begreifen als zwei verschiedene Menschen, die trotzdem füreinander bestimmt und füreinander gemacht sind, wenn das eine Arbeit ist, gut, dann haben wir die geleistet.*
*Aber haben Sie nicht manchmal daran gezweifelt, dass er der Richtige ist, weil er in so vielen Dingen nicht dem entsprochen hat, was Sie sich erhofft haben?*
Berger: *Nein, nein, der Michael ist mein Lebensmensch, darüber besteht kein Zweifel. Natürlich entfernt man sich im Laufe eines Lebens auch und geht dann wieder aufeinander zu und findet sich. Wenn man es will – also ich will es. Und natürlich gibt es eine falsche Vorstellung. Wenn man nur nach Harmonie sucht, das kann's gar nicht geben. Ich finde, die gewissen Schlampigkeiten, die so einreißen im Laufe eines Zusammenlebens, die stören mich, ich möchte niemals mit meinem Mann so salopp reden, wie ich das manches Mal höre, diese gedankenlos dahingesagten Schimpfereien und Schimpfworte. Das beschädigt nicht nur ihn, das beschädigt mich. Ich schäme mich, dass ich so etwas sage. Ich schäme mich, dass ich einen Menschen, den ich liebe, so demütige. Also das geht bei mir nicht. Großer Respekt war immer die Grundlage unserer Beziehung. Und den anderen als eigenen Menschen sehen.*

Die Schimpfereien: Wie zulässig sind sie – oder geht es nur um die Perspektive der Betrachtung, denn bei manchen Paaren bedeuten sie doch ein beinahe liebevolles Ritual? Dagmar Koller und Helmut Zilk lieferten einander manchmal wortreiche Szenen, ruppig er, sie dann empört – mehr Show als wirklicher Streit, doch auch das musste man erst verstehen. In meinen tapsigen Anfängen als Society-Reporterin landete ich in einem Ehescharmützel zwischen der Musical-Sängerin und dem damaligen Wiener Bürgermeister, es war im Jahr 1993, ich wurde von meinem Ö3-»Dabei«-Kollegen Dominic Heinzl zum ersten Mal auf den Wiener Opernball geschickt. Ein sehr spontaner Auftrag, denn wenige Stunden vor Beginn des Balls hatte Heinzl, damals schon langjähriger Radio-Profi, beschlossen, eigentlich keine Lust auf Frack und Lackschuhe zu haben und doch lieber mich, den Neuling, als seine Vertretung zu schicken. Ich irrte durch die Oper – und lief Dagmar Koller und Helmut Zilk in die Arme. Mein erstes Interview mit den beiden, das gelinde gesagt irritierend war: Kaum sagte sie etwas, schnitt er ihr das Wort ab, sie wurde lauter, er zog sie dann weg. Ich war damals einigermaßen erstaunt, wie sich der Wiener Bürgermeister gegenüber seiner Frau und auch einer jungen Interviewerin verhielt, in den folgenden Jahren als Reporterin lernte ich ihr Beziehungs-Heckmeck besser kennen.

14 Jahre später, die Begegnung mit dem besonderen Paar in ihrem Traumhaus an der Algarve, das letzte Ö3-»Frühstück bei mir« mit dem schillernden Paar gemeinsam. Am 24. Oktober 2008 starb Helmut Zilk, und einige Passagen dieses Gesprächs in Portugal habe ich dann in einer »In memoriam«-Sendung für den Ausnahmepolitiker wiederholt.

Da saßen wir in dem weiß getünchten Innenhof ihres Feriendomizils, auch im Urlaub waren beide zwar etwas legerer, aber immer akkurat gekleidet – sie im geblümten, langen Sommerkleid, er in einem luftigen Leinenhemd. Das war dem Altbürgermeister besonders wichtig, seine Abneigung gegen Leggings oder ausgetretene Schuhe war legendär. Das Gespräch eröffnete Zilk wie immer direkt mit einer persönlichen Frage an mich, diesmal mit *San Ihre Lippen aufg'spritzt?*, was ich lachend verneinen konnte. (Früher frage er bei jeder Begegnung: *San S' endlich verheiratet?* Da sich in der Hinsicht keine Veränderung in meinem Privatleben abzeichnete, brummte er irgendwann: *Na eh gut, dann is Ihnen sicher mindestens eine Scheidung erspart geblieben.* Und widmete sich dann lieber einer anderen privaten Einstiegsfrage – denn irgendetwas wollte er immer von mir wissen.)

Und nun der Einblick in die langjährige Beziehung der beiden: Die »Schimpfereien«, wie Senta Berger sie nannte, seien für sie Neckereien. Und zeigen auch, dass man oft lernen muss, den anderen richtig zu verstehen.

*Meine erste Erinnerung an Sie beide ist mein erster Opernball als Gesellschaftsreporterin 1993. Ich kann mich gut erinnern, Frau Koller, Sie haben mir damals ein Interview gegeben, es war schon sehr spät, und Ihr Mann hat Sie immer wieder sehr laut korrigiert, weil Sie im Kärntner Dialekt gesprochen haben. – Tut Ihnen das heute leid, Herr Zilk, dass Sie Ihre Frau oft auch sehr öffentlich gemaßregelt haben?*

Zilk: *Na, das hab i nie, nie öffentlich gemacht …*

Koller: *Oh, das ist berühmt in Wien!* »Komm, schweig und geh!« *Das ist aber nicht böse gemeint … bei ihm ist das so eine Spaßphase, die Leute haben das nicht verstanden … oder:* »Grüß und geh!«

Zilk: »Grüß und geh!« *Wenn sie so lange redet. Aber die anderen haben das immer falsch aufgefasst und immer wieder zitiert, aber das ist mir an sich wurscht.*

Koller: *Wenn er g'sagt hat:* »Komm, grüß und schweig!« *oder* »Schschscht!« *Stellen Sie sich vor, der sagt auf einer Botschaft, in*

*Gesellschaft sagt er, weil ich zu lange ausgeholt hab:* »*Schschscht!*« *Die haben alle entsetzt geschaut! Bissl ein schlechtes Benehmen meines Mannes – da ist er ja berühmt dafür.*
Zilk: *Manchmal ist es notwendig, weil sie ja kein Ende findet.*
Koller: *Also bitte, da müss' ma uns gleich die Hand geben, da passen wir sehr gut zusammen!*
Zilk: *Aber glauben Sie wirklich, das ist eine Frau, die sich unterjochen ließe? Wenn einer ein dienender Mann ist, dann bin das ich. Ich bin Wachs in ihren Händen.*
Koller: *(Lacht.) Das stimmt, ja.*
Zilk: *Wenn die einmal mit den Augen klappert ... oder das Schrecklichste ist, wenn Tränen in ihre Augen treten. Tränen in den Augen, da fall ich überhaupt völlig zusammen. Da bin ich willenlos, hilf- und willenlos bin ich, absolut.*

Wir lachten im Laufe des Gesprächs und waren oft gerührt. Und die Erinnerungsblitze schnellten durch meinen Kopf, an Begegnungen in ihrer Wohnung in der Wiener Naglergasse. Dort zeigte mir Dagmar Koller immer wieder den Platz im Wohnzimmer, an dem die Briefbombe am 5. Dezember 1993 explodiert war. Erzählte vom Blut, das weit gespritzt war, von der Panik und dass ihr schwerverletzter Mann sie angeschrien hatte, ihm die Hand abzubinden. Und dann schwärmte sie oft von der besonderen Zärtlichkeit und Aufmerksamkeit in der Beziehung – Gesten, die heute vielleicht *old school* erscheinen, aber trotzdem berühren. Jedes Mal schickte Zilk seiner Frau einen Rosenstrauß ins Hotel, wenn sie einen Auftritt in einer anderen Stadt hatte – sie verließ vor ihren Auslandsreisen die Wohnung nicht, ohne *sein Stofftier, das er von mir gekriegt hat, in eine bestimmte Position aufs Bett zu stellen, dass er merkt, ich denke an ihn. Dem anderen eine Freude zu bereiten – darum geht es doch,* sagte die Musical-Diva auch in Portugal, obwohl zum Zeitpunkt unseres Interviews schon eher

die Liebes-Solidarität der letzten Lebensphase gefordert war. So begleitete Dagmar Koller ihren Helmut jeden dritten Tag zur Dialyse ins Spital in Faro und ging dann vier Stunden spazieren, bis die Blutreinigung beendet war. Noch einmal fragte ich auch dieses Langzeitpaar nach seiner Lebens-Antwort:
*Was machen Sie besser als so viele Ehepaare, die irgendwann auseinandergehen?*
Zilk: *Wir lieben einander, wirklich ...*
Koller: *Und jeder achtet den anderen. Er sagt mir auch, wenn ich meine Fehler auf der Bühne mach oder wenn mir etwas im Interview nicht gelingt, weil ich an Blödsinn red, weil ich zu offen bin, ich bin ein offenes Buch. Und genauso darf ich ihn kritisieren. Und er akzeptiert das auch.*
Zilk: *Ja, ich bin weicher geworden, geduldiger geworden – die Jahre haben mir genützt. Meine Frau ist der Kompass meines Lebens, ich betrachte sie und gehe in die Richtung, die sie vorschlägt. Auch ihre Kritik lasse ich jetzt zu und versuche noch mehr von ihr zu lernen. Darum geht es: den anderen immer auch als Lehrer zu sehen. Es ist gut, dass ich das jetzt kann.*

Die Sonne senkte sich, wir hatten am frühen Nachmittag mit unserem Interview begonnen, ein goldiges Licht lag auf den Gesichtern, und Dagmar Koller ermahnte mich, zum Schluss zu kommen, das lange Gespräch sei schon anstrengend für ihren Helmut. Wie Liebe gelingt – einiges davon ist hier nachzulesen, in Beziehungen variabel, immer anders von Mensch zu Mensch. Doch welchen Stellenwert die Liebe einnimmt – das bleibt unverrückbar, meine ich. Und das ist so groß und so berührend, dass selbst der Bass des Altbürgermeisters brüchig wurde und seine Augen glänzten, als er es abschließend noch beschrieb:

*Herr Zilk, Sie haben vor kurzem in einem Buch resümiert:* »*Was bleibt in meiner letzten Lebensphase: nicht sehr viel Zuversicht für* die Welt und knapp genug Selbstvertrauen, ein wenig Leben, ein wenig Angst und ein wenig Liebe.« Aber bleibt nicht mehr?

Zilk: *Das ist eh viel!*

Das ist viel, ja, aber sehr bescheiden, nach dem, was Sie alles geleistet haben, ist das sehr bescheiden.

Zilk: *Es ist unsere Aufgabe, bescheiden zu sein. Nur der liebe Gott muss nicht bescheiden sein. Es fällt Schale um Schale ab, und dann bleibt nix mehr. Nur mehr die Liebe.*

Dann schwiegen wir alle drei und blickten ins Abendlicht. Wenn Wahrheit ausgesprochen wird, genügt es oft, sie einfach wirken zu lassen.

**PETER L. EPPINGER:** »Nach dieser Numer musst du aufklären, dass du nicht unters DJ-Pult gefallen bist.« **DIRK STERMANN:** »Ich hätte es psychisch nicht ausgehalten, dass du alleine am Frühstückstisch sitzt, das hätte mich wahnsinnig gemacht.« **KARLHEINZ HACKL:** »Wo sind die Kameras?« **KARL WLASCHEK:** »Der Schinken muss noch für das Mittagessen reichen, da gibt's dann Schinkenfleckerl.« **MICHAEL NIAVARANI:** »Die lügt, ohne rot zu werden.«

# Wann hilft Humor?

Eigentlich hätte der Start nicht mehr in die Hose gehen können. Obwohl die Zeichen, zumindest gedeutet nach den Gestirnen, gar nicht schlecht standen. Es war mein allererster Einsatz als Moderatorin bei Ö3, im September 1996, in einem Studio des Funkhauses in der Argentinierstraße. Diese erste Probesendung in der Nacht sollte darüber entscheiden, ob ich, die Radioreporterin ohne Moderationserfahrung, eine große Aufgabe wie »Frühstück bei mir« übernehmen dürfte. Es war Sonntag, kurz nach Mitternacht, Gerda Rogers hatte mir gerade in den Ö3-»Sternstunden« viele glückliche Jupiter-Aspekte prognostiziert und ein optimistisches »Da hätte ich schon gesehen, dass Claudia on air erfolgreich sein wird« in den Äther geschmettert. Dann kam meine Begrüßung in diesem meinem ersten Ö3-»Nachtflug«, sie war aufgezeichnet, ich ging auf Nummer sicher. Peter L. Eppinger, von uns »Eppi« genannt, Kollege und Rückhalt in vielen Situationen, saß neben mir, er hatte versprochen, mich in der ersten Sendungsstunde zu begleiten. Ich fühle mich wach und bereit für einen Neuanfang.

»Lifted« von Lighthouse Family war die zweite Nummer, perfekt für einen formvollendeten »Ramp-Talk«, was so viel heißt, dass ein Radio-DJ über das Instrumental-Intro des Songs spricht und mit seiner Moderation punktgenau endet, wenn der Gesang beginnt. 15 Sekunden blieben mir, doch irgendwie kamen meine Worte langsamer als gedacht. Als ich die Stimme unter mir singen hörte, stoppte ich mitten im Satz. Ich musste doch aufhören zu sprechen, so lautete die Regel, der Gesang durfte nicht zerstört werden, das hatte ich verinnerlicht. *Das ist der Ö3-»Nachtflug« mit Claudia Stöckl, wir starten in die Sonntagnacht, morgen können Sie 20 Grad erwarten mit So-*. Das *-nnenschein* ging sich nicht mehr aus, die Wetteraussichten für den kommenden Tag blieben somit weitgehend im Dunkeln. Peter L. Eppinger saß schmunzelnd neben mir und nahm es pragmatisch: *Jetzt musst du nach dieser Nummer aufklären, dass du nicht unter das DJ-Pult gefallen bist.*

Was ich dann natürlich folgsam tat, kombiniert mit der nächsten spannenden Geschichte, diesmal aus erster Hand recherchiert. Ich hatte Falco in Wien getroffen, der mir unter anderem erzählt hatte, dass sein Pajero-Geländewagen in seiner zweiten Heimat, der Dominikanischen Republik, ein Anlass zur Belustigung sei, denn »Pajero« bedeutete dort so etwas wie »Idiot«. Diesmal schaffte ich die Erzählung auch toll auf den Ramp der nächsten Nummer zu setzen, natürlich eines Falco-Hits, für den ich diese Moderation maßgeschneidert hatte. Ich war stolz und zufrieden. Die Sache begann richtig gut zu laufen.

Wenige Sekunden später blinkte im Studio das Telefon. Der nette Herr vom Empfang stellte mir einen Anrufer durch, der dringend mit mir sprechen musste. Es war der Generalimporteur von Pajero, der mir ins Ohr schrie und mit Klage drohte, würde ich nicht unverzüglich meine Meldung berichtigen und erklären, dass der Name der Automarke auch in der Karibik nichts mit Idioten zu tun habe. Ich war überrumpelt und überrascht. Wahrscheinlich wurde mir hier erstmals die Dimension einer Live-Moderation so richtig bewusst. Die Moderatorin spricht ins Mikro, es fühlt sich eigentlich intim an, fast ganz allein in einem Radiostudio – doch ganz Österreich hört zu, und sollte es danebengehen, muss sie sich auch vor ganz Österreich entschuldigen. Ich versicherte dem Generalimporteur, meinen Fehler sofort zu berichten. Mutlosigkeit stieg in mir hoch, würde das mit mir als Moderatorin noch etwas werden? Dann wendete ich den Kopf, sah Eppi grinsen und konnte mich auch nicht mehr halten. Wir prusteten los, lachten einen Musiktitel lang, die Tränen schossen uns in die Augen, zielsicher war ich in die Fettnäpfchen, die da verstreut waren, getapst. Jetzt half nur noch Humor. Wie so oft in meiner »Frühstücks«-Karriere.

*Wann wird denn die Sendung aufgezeichnet?* ist eine der häufigsten Fragen der »Frühstück bei mir«-Hörer, *wie viele Wochen vor der Ausstrahlung haben Sie denn in der Regel alles im Kasten?*, so die wirklich Interessierten, und manchmal glaube ich Betroffenheit in ihrem Blick zu erkennen, wenn ich sage, wie es ist, nämlich: Ich arbeite sehr aktuell. Meistens zeichne ich freitags auf, manchmal sogar samstags, also erst 24 Stunden vor der Sendung. Betont locker sage ich das, auch wenn es sich im Sendungsalltag dann weniger locker-flockig anfühlt, lange Schnitt-Nächte kommen da schon vor, aber ja, in 21 Jahren konnte ich immer am Sonntag um neun Uhr das fein säuberlich aufbereitete Ergebnis senden. Obwohl das oft alles andere als eine Selbstverständlichkeit war.

Wir schreiben den 12. September 2012. Wolfgang Puck, österreichischer Koch, der in Los Angeles Karriere gemacht und praktisch allen Hollywood-Größen schon einmal sein »Mama's Wiener Schnitzel« vorgesetzt hatte, war für ein paar Tage in Wien. Man hatte mich vorab kontaktiert, natürlich wollte ich mit ihm ein »Frühstück bei mir« aufnehmen, der Termin für Freitag, neun Uhr war fix, im Hotel Bristol, wo er immer abzusteigen pflegte. Um acht Uhr läutete das Handy. Ein Mann mit heiserer Stimme meldete sich als »Pressesprecher von Wolfgang Puck« und deponierte die Hiobsbotschaft bei mir, der Küchenstar sei schwer erkrankt, das geplante Gespräch müsse leider abgesagt werden. Gott sei Dank konnte ich schnell Ersatz organisieren, Chris Lohner freute sich über meine Einladung, auch wenn diese wirklich kurzfristig erfolgte. Gegen Mittag hörte ich dann über Umwege, dass Puck mit seinem Spezi Reinhard Gerer die vorhergehende Nacht zum Tag gemacht hatte, eine ausschweifende Weinverkostung inklusive. Der »Pressesprecher« hatte auch einen verdächtig ähnlichen Akzent wie der Starkoch gehabt und eigentlich – die unnatürliche Gepresstheit abgezogen – dieselbe Stimme.

Wie sich später herausstellen sollte, hatte Puck selber angerufen, um mit verstellter Stimme den Termin abzusagen. Noch heute muss ich darüber schmunzeln.

Christoph Grissemann ließ mich auch im Regen stehen und tauchte bei einem Termin, der eigentlich für sehr humane 16 Uhr am Nachmittag angesetzt worden war, nicht auf. Glücklicherweise war sein Comedy-Partner Dirk Stermann da, der, milde wie eine liebende Ehefrau, seine zweite Show-Hälfte entschuldigte und meinte: *Wir arbeiten sehr viel, und die Phasen, die man freihat, nutzt man unterschiedlich. Christoph hat sie eben so genutzt, dass er einen amüsanten Abend hatte, es sei ihm gegönnt.* Das klang *off the record* dann etwas anders, und der Ton war ein wenig gereizter, als Stermann von Grissemanns Nichterscheinen sprach, die Bühnen-Ehe hatte intern offensichtlich auch schon einige Krisen überstehen müssen – aber welche gute Ehe hat das nicht? Ich war jedenfalls dankbar, dass zumindest der eine Part des TV-Comedy-Duos gekommen war. Aus *Zuneigung und Kollegialität* hatte der große Deutsche den Termin mit mir nicht abgesagt, sagte er: *Ich hätte es psychisch nicht ausgehalten, dass du allein am Frühstückstisch sitzt, das hätte mich wahnsinnig gemacht.* Natürlich, ganz bestimmt, der Wahnsinn ist in unserem Job immer recht nahe und nur mit Humor zu bekämpfen.

So richtig knapp war es auch, als Rainhard Fendrich mir an einem Freitagvormittag im Jänner 2004 für das »Frühstück bei mir«, das ich zwei Tage später ausstrahlen wollte, zusagte. Überraschend hatte er angerufen und gemeint, er würde mir das Interview geben – hurra!, schließlich beschäftigte seine Scheidung von seiner Frau Andrea gerade die Öffentlichkeit. Nur eine »Kleinigkeit« machte die Mission etwas schwierig: Der Austropop-Star saß in seiner Finca auf Mallorca. »*Geht nicht« gibt's nicht*, sagte ich mir beherzt, am frühen Abend ging der nächste Direktflug. Das Abenteuer war dann größer als gedacht. Am Flughafen in Palma, der dann zu nächtlicher Stunde schon ziemlich vereinsamt war, wartete zunächst niemand auf mich, obwohl es so ausgemacht gewesen war, die Adresse der Finca hatte mir Fendrich ja nicht gegeben. Endlich tauchte seine Assistentin auf, wir fuhren zur Finca in Mallorcas Norden, und sie zeigte mir mein Gästezimmer in dem alten Gemäuer. Der Schockmoment kam dann mitten in der stockdunklen Nacht, als mein Bett plötzlich erschüttert wurde. Mit einem Schrei wachte ich auf. Irgendjemand war plötzlich da, in dem mir fremden Zimmer in dem riesigen Gebäude, wo ich nicht einmal einen Lichtschalter fand. Nein, es wurde keine Episode, die ich viele Jahre später unter #MeToo hätte posten können, es war harmlos – und lustig. Der »Jemand« entpuppte sich als Katze, die auf mein Bett gesprungen war, auch hier musste ich lachen.

Bei dieser Mission war noch öfter Humor gefragt: Der Austropop-Star tauchte zu spät zum Frühstück auf, daraufhin verpasste ich beinahe den Rückflug, konnte mit ganz viel Überzeugungskraft noch boarden, der Schnitt war ein Höllenritt durch die ganze Nacht, um neun Uhr in der Früh taumelte ich, ohne eine Minute Schlaf, ins Studio. Das Interview war allerdings großartig: *Selbst die Ivana hat dem Trump den Tower gelassen,* sagte Fendrich, oder: *Ich kann aus dem Scheidungstermin ein Medienspektakel machen, dass die Tür nicht zugeht, die können gerne ein »Seitenblicke Spezial« drehen. Ich habe keine Angst mehr.* Er rettete sich, eloquent wie immer, in die Ironie – und seine pointierten Statements aus »Frühstück bei mir« waren natürlich dann tagelang Thema in den Medien.

Wie verhält es sich also mit dem Humor, wie mit der Ironie? Humor-Profis hatten da bei mir einiges zu sagen. Dirk Stermann erklärte in »Frühstück bei mir« den Humor auf der Bühne: *Humor funktioniert immer über einen gewissen Code, dass Leute ungefähr das Gleiche wissen müssen, und dann kann man lachen. Und er funktioniert über Tabubrüche.* Star-Kabarettist Josef Hader sagte über das Lachen im Alltag: *Ich versuche alles mit Humor zu lösen, denn der Witz hat etwas Tröstliches. Oft habe ich das Gefühl, es bleibt so wenig Zeit im Leben für alles, was ich vorhabe. Den Trost für vieles, was mich verzweifeln lässt, finde ich im Lachen.* Und auch die Ironie, die ja wörtlich mit »Vortäuschung« übersetzt wird, dass man etwas anderes sagt, als man meint, ist ja ebenfalls ein probates Mittel, sich in vielen Momenten das Lachen abringen zu können. Harald Schmidt, der als »Dirty Harry« in seinen Late-Night-Shows ja kaum eine Gelegenheit für ironische Bemerkungen, selbst über Flüchtlingslager oder den Krieg in der Ukraine, ausgelassen hat, meinte im Gespräch mit mir: *Ironie ist die Möglichkeit, Dinge nicht so nah an mich heranzulassen, das alles zu ertragen. Ironie ist die Stärke der Schwachen. Wenn Sie nicht direkt 1:1 sein können, verschanzen Sie sich hinter der Ironie. Ich bin damit gut gereist.* Das Ziel ist in jedem Fall immer das gleiche: dass wir uns ins Lachen retten, dass es uns hilft zu leben. Und das war in meiner »Frühstücks«-Geschichte oft gefragt.

Was war noch unfreiwillig komisch in diesen langen Sendungsjahren? Als ich Karlheinz Hackl im Hotel »Imperial« traf – nach seinem langen Spitalsaufenthalt wegen seiner Tumoroperation hatte ich ihn endlich zu Hause am Telefon erreicht –, da hatte er mir dann endlich auch für unsere Begegnung zugesagt. Als er mich sah, hob er erstaunt den Kopf, musterte mich fragend und sagte dann: *Und wo sind die Kameras?* Er hatte mich mit meiner Schwester Barbara verwechselt und war fest der Meinung, für ihre TV-Sendung zugesagt zu haben. Gregor Bloéb ist während des Interviews, das ich eigentlich mit seiner Frau Nina Proll und ihm in ihrer Wiener Wohnung machte, schlichtweg eingeschlafen – am Vorabend war eine Premiere mit längerem Fest gewesen, und als Nina und ich über therapeutische Methoden zur Selbsterkenntnis sprachen, wie Familienaufstellung oder Rückführungen, hatte das offensichtlich einschläfernde Wirkung auf ihn. Er schlummerte friedlich auf der Couch in ihrer Küche, wir saßen daneben am Frühstückstisch. So beendete ich mit Nina allein das Interview, natürlich lächelnd.

Ein anderer Fall war der Schauspieler Ben Becker – er war umso munterer und korrigierte mich regelmäßig mit *Sie stellen schon wieder die falsche Frage,* auch das eine interessante, nicht ganz angenehme Erfahrung. Ich hielt durch und musste auch hier zum Schluss lachen. Der Schauspieler war wie ein trotziges Kind, das immer wieder die falschen Spielzeuge angeboten bekommt. Lachend notiere ich auch die »Überwachungsmethode« beim Interview im Juli 2017 mit dem damaligen NEOS-Parteichef Matthias Strolz. Nachdem ich seine Pressesprecherin Susanne Leiter gebeten hatte, das Gespräch mit ihm unter vier Augen führen zu dürfen, fand sie eine originelle Methode, doch mitzuhören, wie mir mein Fotograf Martin Krachler später berichtete. Er öffnete zufällig die Tür zu ihrem Büro, sie war im Nebenzimmer des Raumes, wo ich gerade mit Strolz frühstückte, und sah sie mit einem Babyphone dasitzen. Gesprächsüberwachung mit einem Babyphone – das war originell! *Sie hatte das Instrumentarium eben zu Hause,* erklärte mir Strolz später lachend. *Sie ist nicht vom Mossad, sondern einfach eine junge Mutter.*

Und schmunzelnd denke ich auch an BILLA-Milliardär Karl Wlaschek, der mich ermahnte, vom Frühstücksschinken auf dem Tisch doch noch etwas übrigzulassen. Wohlgemerkt, wir saßen in seiner 300-Quadratmeter-Wohnung in einem Wiener Innenstadtpalais, das ihm, wie so viele andere prunkvolle Palais, gehörte. *Der Schinken muss noch für das Mittagessen reichen, da gibt's dann Schinkenfleckerl,* erklärte Wlaschek. Ich nahm es lachend zur Kenntnis und hatte wieder einmal die Erklärung, warum reiche Leute reich geworden sind: Sie sind sich offensichtlich immer bewusst, dass allzu ausufernde Großzügigkeit diesem Zweck nicht dient.

Was waren also die lustigste Begebenheit und die lustigste Begegnung in 21 Jahren »Frühstück bei mir«? In einer Welt, wo immer nach »dem einen besonderen Erlebnis« gefragt wird, sollte man die Antworten parat haben, und das habe ich. Ad eins: die Koffer-Affäre. Ad zwei: mein Frühstück mit Michael Niavarani. Als nämlich er mich interviewte.

Doch eines nach dem anderen. Lassen Sie uns zurückkreisen an einen dieser Samstage, mein traditioneller Haupt-Arbeitstag, weil der Schnitt im Großraumbüro leichter fällt, wenn es rundherum still ist, und am Wochenende herrscht heilige Ruhe im Sender. Ganz genau schreiben wir Samstag, den 3. September 2016, ich parke mich zu Mittag vor dem Ö3-Haus ein, ich war ja in der vergangenen Nacht erst spät vom Interview mit dem Schauspieler Michael Ostrowski aus Graz zurückgekehrt, mit dem FlixBus war ich hin- und hergereist, es war eine schnelle, bequeme und kostengünstige Variante.

Friedlich war es am Ö3-Parkplatz an diesem Samstagmittag, der Rest des Tages lag hoffnungsvoll vor mir, ich freute mich schon, das interessante Interview mit dem steirischen Schauspieler zu schneiden. Kofferraum auf, da lag der Trolley, mit dem ich Aufnahmegerät, Kabel und Mikrofone nach Graz transportiert hatte. Ich zippte den Koffer auf, um den Rekorder herauszunehmen, ich brauchte ja die Tonaufnahme, die auf der Festplatte gespeichert war, für den Schnitt. Der Deckel des Trolleys klappte auf, und es dauerte einige Sekunden, bis ich begriffen hatte, was hier los war. Vor mir lag nicht das graue rechteckige Gerät, sondern Socken, Unterhosen und Schuhe, schön geschlichtet, aber eindeutig nicht in Zusammenhang mit meiner Interview-Begegnung vom Vortag. Panik machte sich in mir breit. Ich war um Mitternacht mit dem FlixBus am Westbahnhof angekommen und hatte in der Dunkelheit offensichtlich einen anderen Koffer, der meinem zum Verwechseln ähnlich sah, mitgenommen. Doch wer hatte meinen und damit die Sendung mit Michael Ostrowski für den nächsten Tag, die es obendrein noch zu schneiden galt? Mittlerweile war es 14 Uhr am Samstag.

Ich rief bei der FlixBus-Hotline an, wo ein Tonband lief, das darauf verwies, dass alle Anfragen per E-Mail stattfinden müssten, die dann frühestens am Montag beantwortet werden würden. Ich rief Wortchef Martin Harjung an, um ihn über das ziemlich massive Problem zu informieren, der dann noch dazu das Szenario entwarf, dass vielleicht der Fahrgast, der jetzt im Besitz meines Koffers war, gleich weitergereist war – und sich meine Aufnahme vielleicht schon in Berlin befände oder in Hamburg. Dann rief ich Michael Ostrowski an, erzählte ihm die fast unglaubliche Geschichte und fragte, ob er auch bereit wäre, am nächsten Tag, also Sonntag früh, live in die Sendung zu kommen. Schließlich lief der Trailer für dieses »Frühstück bei mir« ja bereits seit zwei Tagen. Michael hatte zunächst einmal einen Lachkrampf – und ich lachte unweigerlich mit, dann versprach er mir, notfalls auf seinen Schlaf zu verzichten und in aller Herrgottsfrüh aus Graz zu kommen, falls sich das Interview nicht finden würde. Dann fragte er in beruhigendem Tonfall: *Hast du schon auf den Koffer geschaut? Vielleicht steht da ja ein Name.* Was für eine geniale Idee, eigentlich die nächstliegende, die ich in meinem Schock nicht gehabt hatte. Ich holte den Lift, raste zum Auto – und ja, ein gewisser Herr Cech war Besitzer von Socken, Hosen und Boxershorts, sogar eine Telefonnummer war da. Ich tippte zitternd die Nummer in mein Handy, ein Herr mit ungarischem Akzent hob ab – ein Hautarzt, der unter der Woche in Graz arbeitete, wie sich herausstellte –, und der junge Doktor erklärte mir, dass er meinen Koffer in der FlixBus-Zentrale in Wien 22 hatte deponieren lassen. Mit quietschenden Reifen war ich augenblicklich dorthin unterwegs und fand meinen Trolley im Wärterhäusl eines großen Parkplatzes friedlich im Eck stehen. Das Interview ging wie geplant am nächsten Tag on air, und Ostrowski erzählte mir, dass meine »Koffer-Affäre« in Graz bereits die Runde machte, und viele herzlich darüber lachten. *Keep on rockin' in the free world,* zitierte er zum Schluss Neil Young, und lachend einigten wir uns, dass zu Rock 'n' Roll im Leben auch solche Erlebnisse gehören.

Abschließend noch meine lustigste Begegnung in all diesen turbulenten Frühstücksjahren: das Interview mit Michael Niavarani, zum 15-Jahr-Jubiläum von »Frühstück bei mir« im Jänner 2012. Der Bühnenstar war einer der Spitzenreiter in den »Frühstück bei mir«-Auftritten, mittlerweile war er bereits achtmal da gewesen, und jedes Mal deponierte er bei mir seinen größten Wunsch: *Dass du mich nie wieder fragst, ob ich zu dir in die Sendung komme.* Kein Problem, diesmal wollte ich ja fragen, ob *er* mich einladen wollte.

Wir hatten den 7. Jänner für das Gespräch ausgemacht, natürlich bei mir zu Hause, warum sonst heißt die Sendung »Frühstück bei mir«? Michael Niavarani schrieb mir eine SMS, dass er sehr nervös sei. Ich war ganz sicher nervöser, es fühlte sich komisch an, auf der anderen Seite zu sein, und irgendwie dachte – oder hoffte – ich sogar bis zum Schluss, er würde gar nicht kommen. Mehrmals rief Nia an, weil er angeblich die Adresse vergessen hatte, immer glaubte ich, es wäre der Anruf, mit dem er jetzt doch absagen würde. Dann stand er da, setzte sich an den Frühstückstisch, er komplett unvorbereitet, und kündigte an, mit mir über die Nichtbeweisbarkeit von Gott und die Absurdität des Lebens sprechen zu wollen und »einfache« Fragen wie »Woher kommt alles?« und »Warum ist alles nichts?« zu stellen.

Schnell erkannten wir, dass wir für den Rollentausch nur bedingt geschaffen waren. Nia hatte nämlich ein großes Problem: Zuzuhören und dabei schon an die nächste Frage zu denken gelang ihm nicht. *Jetzt der klassische Fall – ich habe eine Frage gewusst, dir zugehört und jetzt die Frage wieder vergessen,* wiederholte er, rauchte wie ein Schlot in meiner Nichtraucherwohnung und bedeutete mir, wenn er gerade seine Frage vergessen hatte, auf »Stop« zu drücken. Dann kreiste er nervös um den Tisch, rauchte dabei, wedelte mir zu, sobald er wieder eine Frage wusste, damit ich die Aufnahme mit »Record« wieder in Gang setzte.

So sprachen wir dann doch über Liebe, Glaube und mein Kinderhilfsprojekt in Kalkutta, immer unterbrochen von seinen Anmerkungen wie: *Ich wollte dich etwas fragen. Weißt du, was ich dich noch fragen wollte?* Oder er wiederholte im Selbstgespräch: *Ich muss doch die Pappn halten und zuhören. Vor allem einer Frau zuhören, das ist für mich ganz schwierig.* Seine Macho-Nummer war natürlich eine Masche, er streute mir Rosen, erinnerte sich, dass er bei mir in einem früheren Interview zum ersten Mal bekannt hatte, dass er lange unter Depressionen gelitten und deswegen eine Gesprächstherapie gemacht hatte. Da beschrieb er sein Gefühl als von mir Interviewter: *Und dann sitzt man da, will es eigentlich nicht erzählen, und man denkt sich – weil man dich schon auch mag, ist halt die Stöckl ... liebst du die Menschen wirklich so sehr?,* war eine seiner Fragen, die ich besonders bei der Geduldsprobe mit ihm mit einem lauten Ja beantwortete.

Sieben Stunden dauerte das Ganze, es war also nicht nur die lustigste, sondern auch die längste Aufnahme, und wahrscheinlich waren die *Off-the-record*-Gespräche noch spannender als das, was wir dann ausstrahlten.

*Ich bedanke mich bei dem hervorragenden Interviewer Michael Niavarani,* sagte ich zum Schluss als Eintrag in mein akustisches Gästebuch nach dem Gespräch. *Die lügt, ohne rot zu werden,* meinte er, und dann lachten wir wieder aus vollem Herzen.

Humor hilft. Immer, in jeder Lebenslage. Das ist eine ganz klare Antwort des Lebens, die ich schon längst notiert habe. Und gehe den »Frühstücks«-Weg weiter – gespannt auf die nächsten Abenteuer, die ich dann lachend werde erzählen können.

**CHRISTOPH WALTZ:** »Mein Erfolgsrezept ist, an seine Berufung zu glauben. Zu spüren, was für einen passt.« **NENA:** »Nicht nur Qualität, vor allem Liebe setzt sich durch.« **ATTILA DOGUDAN:** »Oft frage ich mich, wie blöd bin ich, dass ich alles so kompliziert mit so viel Einsatz mache. Aber ich kenne keinen Menschen, der wenig arbeitet und viel Erfolg hat.« **KLAUS MARIA BRANDAUER:** »Der Beruf ist nicht das Wichtigste, sonst wäre ja jeder Bürgermeister toll. Sondern das Amt des Bürgermeisters ist nur so toll wie der Meier, der Müller oder der Schröder, der das ausfüllt. Wenn er es ausfüllen kann.« **MARCEL HIRSCHER:** »Das Wichtigste ist, egal in welchem Bereich, dass man wirklich Gas gibt.« **FLORIAN GSCHWANDTNER:** »Man soll nicht versuchen, seine Schwächen auf Mittelmaß zu bringen, sondern seine Stärken zu perfektionieren.« **HELENE FISCHER:** »Die Einsamkeit ist verrückt. Jeder muss seinen Weg finden, das zu verarbeiten. Und der Druck war für mich immer nur ein Ansporn, um noch weiter zu kommen, um noch besser zu werden.«

# Was macht Erfolg?

Das Jahr 2008 hat für mich turbulent begonnen. Ich hatte doch tatsächlich zugesagt, an der ORF-Show »Dancing Stars« teilzunehmen. Anfang Jänner startete die fünfwöchige Trainingszeit. Und gleichzeitig wartete noch eine besondere Aufgabe auf mich: Ich durfte, gemeinsam mit Alfons Haider und Barbara Rett, den Opernball moderieren, die Live-Übertragung vor einem Millionenpublikum. Viele spannende, ungewohnte Aufgaben auf einmal. Und eine neue Erfahrung für mich, die Radiofrau, plötzlich so präsent im Fernsehgeschehen zu sein.

Der Jänner 2008 fühlte sich dann an wie Kitesurfen am Waikiki Beach: Kaum war ich auf einem Wasserkamm dahingeglitten, kam schon die nächste Welle, jeder Tag hatte Windstärke zehn und stärkste Brandung. Täglich absolvierte ich mindestens fünf Stunden Training für »Dancing Stars« mit meinem Profi-Lehrer Alexander Kreissl, dazwischen Kleiderproben für die TV-Auftritte, Vorbereitung für die Interviews am Opernball, Medienanfragen aller Art, Talks, Fotoshootings, Drehs für Zuspieler und natürlich weiter die sehr ausfüllende Arbeit an »Frühstück bei mir« – ich hatte vereinbart, keine Pause mit meiner Ö3-Sendung zu machen. Eine Zeit des Dauereinsatzes und der maximalen Aufmerksamkeit von außen. In diesem Jahr wurde noch dazu das Opernball-Kleid durch ein Publikums-Voting bestimmt, das heißt ich war mit den drei Kleidermodellen von Designer Thang de Hoo, die zur Wahl standen, viele Male auf Titelblättern und Websites zu sehen, die Leser und Seher sollten ja über das Kleid entscheiden.

Für viele wäre dieser Trubel um die eigene Person wahrscheinlich der Inbegriff von Erfolg, doch der Grad an öffentlicher Aufmerksamkeit ist in einem ganz anderen Ordner abzuheften. Wie auch »Wir sind Kaiser«-Star Robert Palfrader bei mir sagte: *Der »Bahö«, der um die eigene Person gemacht wird, wenn man im Fernsehen auftaucht, wird furchtbar überschätzt von den Leuten. In*

*Wirklichkeit hat es nicht viel zu bedeuten.* Neue, spannende Erfahrungen waren es in jedem Fall, mein »Dancing Stars«-Abenteuer war bald vorbei, doch half es mir sicher, ein besseres Körpergefühl zu entwickeln, beim Opernball lernte ich auch viel in Sachen Live-Sendung – übrigens auch durch Momente, die gleich so richtig schiefliefen. Wie mein Interview mit Tobias Moretti in der lärmenden Menschenmenge der »Pink Bar«: Ich sprach den Schauspielstar auf die Burlesque-Tänzerin Dita Von Teese an, die sich in der Toilette eingeschlossen hatte. Er konterte: »Welcher Dieter?«, was ich wegen der dortigen Geräuschkulisse einfach nicht verstand, was aber zu Hause vor dem Bildschirm für Lacher sorgte. Immerhin ist dieser Talk bis heute ein kleiner Farbtupfer in der Ballgeschichte geblieben und rangiert noch immer in den Top Ten der kultigsten Hoppalas des Opernballs. Viele Jahre danach, mit einem Schmunzeln gesehen, könnte auch das als kleiner Erfolg gewertet werden.

Zufrieden kehrte ich also dann, Mitte Februar, zurück in mein vertrautes »Frühstücks«-Terrain, in dem ich mich viel sicherer bewegte. Das Leben hatte mir einige Antworten in Sachen Erfolg gegeben. *Erfolg ist, seinen Talenten gemäß eingesetzt zu sein,* hatte Veronica Ferres einmal bei mir gesagt, und das ist sehr richtig. Meine größten Talente kann ich sicher in der Intimität einer persönlichen, ruhigen Begegnung entfalten, besser als in der großen Show. Mit einem Menschen eine besondere Atmosphäre zu schaffen, aktiv zuzuhören, Erzähltes zu hinterfragen, in die Tiefe zu gehen, Ungesagtes, das hinter den Sätzen liegt, zu entdecken, all das gehört sicher zu meinen großen Begabungen, die ich über die »Frühstück bei mir«-Jahrzehnte noch mehr entfalten und vertiefen durfte. Da passiert mir das, was Christoph Waltz einmal als sein Erfolgsrezept bezeichnete: *An seine Berufung glauben. Zu spüren, was für einen passt.* Waltz, der seinen weltweiten Durchbruch mit dem Film »Inglourious Basterds« erlebte – und dafür sogar im Alter von 54 den Oscar bekam –, beschrieb es so: *Das Arbeiten mit Quentin Tarantino war in erster Linie deswegen so begeisternd, weil ich nach langer Zeit wieder die Überzeugung gespürt habe, es war doch nicht verkehrt, Schauspieler geworden zu sein. Das ist grandios. Es war wirklich ein Geschenk.*

Was ist meine Erkenntnis nach 1050 »Frühstücks«-Interviews? Was hat die Sendung zum Erfolg gemacht, welche Antwort hat mir darauf das Leben gegeben? Eines ist für mich klar: Erfolg bedeutet, die Extrameile zu gehen. Diese Erkenntnis ist mir in meinem Leben und in den Geschichten meiner Gäste hundertfach begegnet. *Ich kenne keinen Menschen, der wenig arbeitet und viel Erfolg hat, ich kenne keinen. Wenn es einen gibt, dann bitte sage es mir, dann schaue ich mir das an. Weil oft frage ich mich, wie blöd bin ich, dass ich das so kompliziert mit so viel Einsatz mache,* meinte Star-Gastronom Attila Dogudan, der ja Airlines, die Formel 1 und Fußball-Großereignisse becatert, bei mir. Er predigte in meinem »Frühstück«, wie er die Mitarbeiter auf die Details einschwört – eigentlich Kleinigkeiten, wie das Baguette immer warm zu servieren oder das Mineralwasser nie ohne Eiswürfel und eine Scheibe Zitrone zu bringen. Auf die Summe der Details kommt es an – und ich dachte an meine tausende von Stunden beim Schnitt meiner XXL-Interviews, um so präzise zu kürzen, damit das Allerbeste bleibt. Und Dogudan resümierte: *Wenn du gewinnen willst, dann geht es nur so – anders habe ich es noch nicht gesehen. Es ist wie bei Sportlern: Du willst in das Spiel, und du willst dort gewinnen. Das bedeutet viel Einsatz – und die Liebe zum Detail.*

So entsteht Qualität – und wird die sich dann immer durchsetzen? Ist auch das eine Antwort, die uns das Leben gibt? Popstar Nena formulierte es so: *Vor allem die Liebe setzt sich durch. Meine Lieder sind mit viel Liebe entstanden, das setzt sich irgendwann durch. Das erreicht dann irgendwann auch den letzten Kühlschrank,* lachte sie. Die Liebe zu dem, was man tut, als Grundstock für den Erfolg – das habe ich zweifellos auch selber immer erlebt, ich liebe es, meinen Interviewpartnern zu begegnen und ihre Geschichte zu erfahren. Und nichts wäre möglich ohne den Stempel der eigenen Persönlichkeit. Wie Klaus Maria Brandauer auch bei mir erklärte: *Der Beruf ist nicht das Wichtigste, sonst wäre ja jeder Bürgermeister toll. Sondern das Amt des Bürgermeisters ist nur so toll wie der Meier, der Müller oder der Schröder, der es ausfüllt. Wenn er es ausfüllen kann.*

Aber was bedeutet es eigentlich, erfolgreich zu sein, wie ist das definiert? Natürlich bei jedem anders, für mich hat es ganz klar auch mit sinnstiftendem Handeln zu tun, damit, mit seinen Talenten und seinem Tun auch andere zum Glänzen zu bringen, wie ich es im Kapitel »Älterwerden« noch beschreiben werde. Ganz oft wurde mir auch das Glück in der Partnerschaft oder Familie als wahrer Erfolg genannt. Reinhold Bilgeri, der sich mit seiner Frau komplett aus dem Showgeschehen zurückgezogen hatte, als Tochter Laura zur Welt gekommen war, sagte: *Das Kind ist alles, das Allerwichtigste. Die Mami und ich würden sterben für sie.* Doch bleiben wir dabei, was herkömmlich unter Erfolg verstanden wird. Und das ist so etwas wie Hinaufklettern auf den Sprossen einer Karriereleiter. Oder einfach plötzlich auf dem Podest zu stehen.

Mittlerweile ist er der erfolgreichste österreichische Skifahrer in der Geschichte seines Sports. Ende Jänner 2018 hat Marcel Hirscher den großen Hermann Maier in der Zahl seiner Weltcupsiege überrundet, Hirschers Siegesserie gerade in der Saison 2017/18, in der er nach einem Knöchelbruch zurückgekommen war, beeindruckte. Die Begriffe, mit denen er bedacht wurde, überschlugen sich, der heute 29-jährige Salzburger wurde als »der Außerirdische« oder einfach nur ein »Ski-Gott« bezeichnet, jedes Detail aus seiner Lebensgeschichte wurde herangezogen, um seinen Erfolg zu erklären. Wie er das Handwerkszeug zum Siegen bekommen hat, hat Hirscher schon im März 2012 in »Frühstück bei mir« erklärt. Es hat auch hier viel mit Akribie und unbändigem Fleiß zu tun. Denn wie so oft, wenn einer »über Nacht« berühmt wurde, hat die Nacht viele Jahre gedauert. Marcel Hirscher hat die Grundlagen für seine späteren Sternstunden auf einer Alm geformt. Und da war noch etwas, das den Skistar so einzigartig erfolgreich macht – wie ihm viele Kenner bescheinigen –: sein Urvertrauen.

Wir trafen uns in Abtenau, im Hotel seiner zukünftigen Schwiegermutter, in einem pastelligen Zimmer, in Hellblau, Türkis und Weiß gehalten. Ein Teller Trauben stand auf dem Tisch, daneben ein hübsch angezuckerter Guglhupf. Wenige Wochen davor hatte ich Marcel bereits für ein »Frühstück bei mir Spezial« in Kitzbühel interviewt, eigentlich hatte ich damals gedacht, dass seine Zeit zu nicht mehr als einem Kurzgespräch im Zuge des Pressetermins im »Krone«-Haus reichen würde. Damals, im Jänner 2012, als sich die Reportertraube bei diesem Raiffeisen-Termin noch um Hermann Maier scharte und Marcel deutlich weniger beachtet danebenstand. In jedem Fall war er mir gegenüber sehr hilfsbereit und bot sogar an, für unser Gespräch in sein Kitzbüheler Hotel zu fahren, damit wir genug Ruhe hätten, was wir dann auch taten. Und nachdem ich ihn zu jenem Zeitpunkt eben für eine Spezialsendung mit vielen Protagonisten interviewt hatte, hatte sich der Slalomstar mit den Worten verabschiedet: *Jetzt machen wir hoffentlich bald mal was Gscheits.* Soll heißen, eine Sendung, in der die zwei Stunden ihm allein gewidmet waren. Natürlich kam ich diesem Wunsch sehr gerne nach. Im Hotel Moisl in Abtenau also, Hirscher, damals 21, saß da in grauen Jeans, die sich um seine trainierten Oberschenkel spannten, Sweater und Mütze und gestand, fast ein bisschen nervös zu sein vor einem langen persönlichen Interview. Das passiert mir öfter, hat doch ein Radiointerview eine eigene Dynamik und den Charakter »Was liegt, das pickt«: Hat man einen Satz so gesagt, kann er nur so bleiben, was im Print etwas gnädiger ist, denn da können Formulierungen noch umgeschrieben werden.

Und schon waren wir mitten in seiner Kindheit. Ich bezog mich auf das Statement seines damaligen Medienbetreuers Mike Holzer, der auf meine Frage, ob Hirscher mit einem Mentaltrainer arbeitet, nur gemeint hatte: *Nein, Marcel ist sein eigener Guru.* Hat das mit seinem Aufwachsen zu tun, dass er so ein Vertrauen ins Leben hat? Der Skistar erzählte von »minimalistischen« Jahren, 20 Jahre lang hatten seine Eltern ja eine Schutzhütte gepachtet und als Lokal geführt. Jahre, in denen er vermutlich die Härte zu sich entwickelt hat, die ihn auch zu der eisernen Disziplin im Training antreibt. »Per aspera ad astra«, über steinige Wege zu den Sternen, gilt auch hier.

Hirscher: *Ich bin sehr, sehr bescheiden aufgewachsen. Drei Monate im Jahr lebten wir auf 1500 Meter Seehöhe, in einer Schutzhütte im Sommer und im Winter in der Skischule. In der Schutzhütte aufzuwachsen ist wirklich minimalistisch. Da gibt es nur kaltes Wasser, keine Dusche außer eine Gießkanne auf d'Nacht oder mal ein Sommergewitter, wo man sich gach owigschappt hat, kein Duschgel, sondern eine Seife, ein Holzofen, ja, irgendwo war das schon sehr speziell, muss ich sagen.*

Er saß also auf der weißen Couch in dem liebevoll eingerichteten Hotelzimmer, mit gemalten Wolken auf der himmelblauen Wand, alles fühlte sich so idyllisch und anheimelnd an, und er erzählte doch ganz selbstverständlich von einer Kindheit, in der er sehr viel allein gewesen war. Franco Foda, seit 2017 Trainer unseres Fußball-Nationalteams, hat es bei mir so definiert: *Wenn du etwas erreichen willst, musst du in jungen Jahren schon sehr selbständig sein. Ich bin bereits im Alter von 15 als Fußballer nach Kaiserslautern gegangen, habe dort allein gewohnt, musste mich allein versorgen. Das hat mich geprägt.*

Auch Hirscher erklärte: *Ich hab den Großteil meiner Kindheit fast allein verbracht. Meine Schulkollegen, die waren halt meistens zu der Zeit schon im Schwimmbad. Ich war dann heilfroh, wo ich dann so weit war, dass ich die Radfahrprüfung geschafft hab, weil dann war ich berechtigt, dass ich ins Schwimmbad runterfahr, und von dem her bin ich halt im Sommer jeden Tag 15 Kilometer runter und wieder rauf. Ja, 18-Stunden-Tage waren für meine Eltern völlig normal, ich hab mich irgendwo sehr viel allein beschäftigen müssen, vor allem, wenn jetzt dann im Herbst drei Wochen Schönwetter war, dann ist's halt drei Wochen für sie durchgegangen. Ich hab mich einfach immer selber beschäftigen müssen. Also bin ich oft drei Kilometer auf der Slackline gegangen am Tag, das war dann meine Aufgabe.*

Vernachlässigt sei er sich nie vorgekommen, sagte Hirscher. Im Gegenteil, er erinnerte sich an die vielen schönen Erlebnisse, das Wandern mit dem Vater bei Sonnenaufgang, den Gämsen beim Grasen zuzuschauen, *das sind einfach unbeschreibliche Sachen, die natürlich andere Kinder niemals haben werden*, sagte der begnadete Sportler fast verträumt.

*Aber wenn wir diese Kindheit jetzt nochmals Revue passieren lassen, wie hat sie dich geprägt, was hast du in den Sport mitnehmen können, in den Skisport?*

Hirscher: *Na ja, vor unserer Hütte ist ein riesengroßer Stein gewesen, und ich bin Tag und Nacht auf und ab geklettert, das Radlfahren hab ich nie gelernt auf einer asphaltierten Straße, sondern auf einer Schotterstraße, irgendwo lauter Sachen, die erschwerte Grundvoraussetzungen sind. Oder die Slackline, stundenlang bin ich jeden Tag drauf balanciert, das sind so Sachen, die irgendwo eine sehr große nachhaltige Wirkung haben für mich, also das merk ich heut auch noch, es überrascht mich immer wieder, wie ausgeprägt mein Gleichgewichtssinn ist. Und ich hab eigentlich gelernt, immer wieder aufzustehen. Wenn ich mit dem Radl umgefall'n bin oder beim Klettern owigfalln, in die Brennnesseln eine, dann habe ich kurze Aufmerksamkeit 'kriegt, weil das Geschäft ist so im Laufen gewesen, da war keine Zeit – von dem her, muss ich sagen, ich hab eigentlich relativ früh schon gelernt, auf mich selber zu schauen, mich abzubeuteln und weiterzugeh'n.*

Hartnäckigkeit und Unbeirrbarkeit als Erfolgsfaktoren. Hirschers Tipp an alle Jungen, die in den Startlöchern für eine eigene Karriere stehen, lautet: *Dass sie alle Ziele und Wünsche, die sie eigentlich haben, auch wirklich verfolgen. Weil ich hör oft: »Mei, ich tat so gern a Fußballer sein!« Oder was auch immer. Und dann frag ich: »Ja was hast gemacht dafür?«, und dann sind sie meistens still, weil gekämpft hat wirklich keiner für das. Und egal was ich mache, man muss schon wirklich Gas geben und kämpfen. Also, ich hab das halt einmal zumindest tun müssen. Ich glaub, das ist das Wichtigste, egal in welchem Bereich man ist, dass man wirklich Gas gibt und dass man überzeugt ist von dem, was man macht.*

Gas geben. Überzeugt sein von dem, was man tut. Auch üben – ebenfalls extrem wichtig, so oft habe ich es gehört. Wie bei meinem Ö3-Kollegen Robert Kratky, der bei mir verriet, dass er zu Hause jahrelang laut mit sich selbst redete, um frei sprechen zu üben, damit er im Ö3-»Wecker« die Geschichten so bringen kann, dass sie auch wirklich den Hörer erreichen. Mirjam Weichselbraun, die in »Frühstück bei mir« erzählte, dass sie sich jede TV-Moderation – oft mit ihrer Mutter – noch einmal ansieht, um es das nächste Mal besser zu machen und Fehler zu korrigieren. *Die Mama sagt dann oft: »Das und das solltest nicht machen, die Wörter verwendest du zu oft, oder die wiederholst du extrem ...«*

*Wir schauen's uns dann gemeinsam noch einmal an, und ich versuche es dann besser zu machen. Mein Credo ist: Entweder man macht's ganz und man kniet sich voll rein, oder man lasst's. Ich bin kein Fan von halben Sachen, ich bin da sehr, sehr klar in dem, was ich auch von mir verlange, was dann auch sehr viel ist manchmal, aber ich will an mir arbeiten, ja.* Wie auch »Runtastic«-Gründer Florian Gschwandtner, der bei mir als ein Learning berichtete: *Man soll nicht versuchen, seine Schwächen auf Mittelmaß zu bringen, sondern seine Stärken zu perfektionieren. Das ist die Kunst, die zum Erfolg führt.*

*Ich mache alles, so gut ich kann,* nannte mir Elisabeth Gürtler einmal als ihr Erfolgsrezept, ich kann damit viel anfangen, ich halte es auch so, und es ist ein herausforderndes Konzept, wenn die eigene Latte dafür sehr hoch liegt. Das verhält sich bei der Hotelchefin so, bei mir genauso, bei vielen von Ihnen sicher auch. Und eben auch bei unzähligen, die ich vor meinem »Frühstücks«-Mikrofon hatte.

Einmal wurde es mir auch zum Verhängnis, immer höchste Ansprüche an mich zu stellen, vor allem der Anspruch, in einem Interview auch ein Stück tiefer zu gehen und weiter zu fragen. Damals, als ich im Oktober 2014 auf Helene Fischer traf, die zu dieser Zeit schon ein Star war; mittlerweile ist sie noch erfolgreicher geworden als Königin des deutschen Entertainments, die die größten Stadien füllt. Vorgabe hatte ich keine bekommen für das Interview, ich bat wie immer, dass ich es unter vier Augen machen dürfe, kein Problem, Helene saß allein mit mir in der Suite des Hotels »Le Ring« – doch stellte sich im Laufe des Gesprächs heraus, dass wir komplett unterschiedliche Vorstellungen von diesem Ö3-»Frühstück« hatten. Die Sängerin dachte, das Gespräch würde sich vor allem um ihr neues Album »Farbenspiel« drehen, sie kannte meine Sendung nicht, ich stellte, so wie immer, auch persönliche Fragen: ob Fischer, oft als »Mrs. Perfect«

bezeichnet, auch Jugendsünden begangen habe, wie sie, die bereits Millionen Tonträger und Konzerttickets verkauft hatte, ihr Geld anlegen würde, ob sie mit ihrem Freund Florian Silbereisen Hochzeit und Kinder plane. Die Schlagersängerin wurde immer einsilbiger und meinte, noch immer sehr freundlich, aber doch bedauernd: *Es tut mir so leid, ich kann Ihnen darauf nichts sagen, ich spreche nie über all diese Themen, von diesen Antworten würde die Yellow Press ein Jahr lang leben können.* Wir einigten uns schließlich, freundlich und ohne negative Gefühle, das Interview nicht zu senden, zu verschieden waren unsere Vorstellungen, welche Themen wir besprechen wollten.

Insofern war es dann doch ein Erfolg, dass ich Helene Fischer im Mai 2018 wieder für »Frühstück bei mir« traf. *Man trifft sich immer zweimal,* meinte Helene auch lachend zu mir, als wir uns bei Ö3 begrüßten, sehr herzlich war sie zu unserem gesamten Team, machte geduldig Selfies und schrieb Autogramme, viele Kollegen – von denen ich es teilweise auch gar nicht vermutet hätte – entpuppten sich als Fischer-Fans. Diesmal hatte ich mit dem Management abgesteckt, welche Themen mich interessieren würden, außer ihrem Beziehungsleben (von dem Fischer dann von sich aus doch einiges verriet) und der Frage nach ihren Eltern – *die möchte ich auch ganz heraushalten* – war alles erlaubt. Helene, in einer schulterfreien Bluse, die viel von ihrem muskulösen Rücken zeigte und auch mit ihrer Wespentaille beeindruckte, ließ keine Zweifel offen, dass härteste Disziplin für sie eine Selbstverständlichkeit ist. 220 Menschen reisen bei einer großen Tour mit und arbeiten an Bühne, Technik, Organisation. Helene Fischer als Frontfigur muss die Ticket-Umsätze bringen. Was können wir von der Frau lernen, die mit zwölf Millionen verkaufter Tonträger die erfolgreichste deutsche Sängerin ist? Ich fragte nach den Faktoren, die sie zum Erfolg geführt hatten und was sie auch Jungen mitgeben würde.

Fischer: *Es ist auch immer noch ein ewiges Arbeiten an sich selbst, man muss schon eine gute Portion Selbstdisziplin mitbringen und einfach dranbleiben, auch immer arbeiten, und die Freude dabei trotzdem nicht zu verlieren, das ist oft schwierig, weil viel Druck da ist. Aber der Druck war für mich immer nur ein Ansporn, um noch weiter zu kommen, um noch besser zu werden. Ich habe mir die TV-Shows zum Beispiel oft angeschaut, um einfach zu sehen, spreche ich zu schnell oder wie wirke ich auf die Menschen, wenn ich einfach so darauflos plaudere. Ich habe auch immer versucht, dass ich echt bin, dass es nicht gespielt wirkt, aber auch das musste ich mir erarbeiten, denn auf der Bühne kommt ja noch eine gewisse Anspannung dazu.*

*Ich hab eben mit so vielen Stars schon frühstücken dürfen, und interessant ist, was mir immer wieder als Erfolgsrezept genannt wird – von Marcel Hirscher bis Veronica Ferres –, das ist, die Extrameile zu gehen. Einfach mehr zu tun, als andere in demselben Job getan haben. Ist das auch bei dir so?*

Fischer: *Ja, ich denk schon. Ich glaube auch, dass ich da schon oft an Grenzen gestoßen bin, bei denen ich dachte, sie nicht überwinden zu können. Und trotzdem ist es gelungen. So kommt man auch auf die nächste Stufe. Auch Florian, wenn ich ihn beobachte, also wir können uns da sehr gut austauschen, weil er natürlich auch auf der Bühne steht und ein irrsinniges Pensum als Moderator vollbringen muss, um drei Stunden live zu moderieren. Und das sind manchmal so übermenschliche Dinge, die einem abverlangt werden. Auch meine Show am Ende des Jahres ist immer so eine Tortur, die sich nicht beschreiben lässt. Ich komm ja keine Sekunde von der Bühne, und natürlich soll es so aussehen, wie wenn alles federleicht wäre. Aber es ist ein Irrsinn, was in meinem Kopf vorgeht und was ich dafür auch lernen musste. In den Jahren hab ich gelernt, da schnell aufzufassen und einfach schneller zu sein dann. Aber man muss schon auch noch mal ... wenn's richtig hart wird und du wirklich müde bist, also dann muss man halt Zähne zusammenbeißen und durch. Und da würden in der Tat vielleicht manche sagen: »Nee, jetzt kann ich nicht mehr!« Und das gibt's dann einfach in dem Job nicht, also dann musst du einfach.*

Ungewohnte Töne der Sängerin, die sonst für ewig strahlendes Lächeln und nach außen demonstrierte Leichtigkeit steht. Nach unserem Gespräch sagte sie zu mir: *Jetzt habe ich wirklich die Hosen heruntergelassen, offensichtlich musste das einmal heraus.* Ob es ganz bewusst war, dass sie auch einmal die Schattenseite ihres Erfolgslebens besprechen wollte? Ich weiß es nicht, sie meinte in unserem Talk: Über mich wird oft gesagt, alles ist so perfekt und so toll. Natürlich ist nicht alles nur schön und einfach und easy. Aber mein Job ist, die *Menschen zu unterhalten. Wie schlimm wäre es, wenn ich auf die Bühne gehe und sage: »Heute geht es mir beschissen.«* Sie erzählte mir auch von anderen Schattenseiten, was aufhorchen ließ, zum Beispiel über das Gefühl nach einem Konzert: *Die Einsamkeit ist verrückt, weil man hat alles gegeben, die besten Stunden erlebt, da war ein Energieaustausch, den kann man gar nicht beschreiben. Jeder muss seinen Weg finden, das zu verarbeiten. Ich habe gelernt, die Einsamkeit zu akzeptieren, auch ein bisschen zu genießen, ich schotte mich ab, damit ich wieder zu mir komme. Trotzdem ist es das Schönste und Wichtigste, direkt nachdem ich in mein Zimmer gekommen bin, mit Florian zu telefonieren.*

Und diese ihre Aussagen aus dem Ö3-»Frühstück bei mir« wurden von der »Gala« über die »Bunte« und den »Stern«, von RTL bis VOX zitiert. Natürlich auch ein Erfolg für meine Sendung, in anderen Medien so groß wahrgenommen zu werden. Als ich die Wirkung und den medialen Niederschlag von Helenes Aussagen beobachtete, verstand ich auch ihre Scheu besser, allzu

Persönliches zu sagen – was die Ausstrahlung unseres ersten Gesprächs verhindert hatte.

Steckt also hinter jedem Erfolg eine Strategie? Kann man seine Karriere wirklich so kalkuliert zurechtzimmern? Nein, ganz sicher nicht, die Zutat »Glück« als Ingredienz für den Erfolg ist mir in jeder Lebensgeschichte begegnet, auch in meiner eigenen. Auch viele Löffel voll Freude tragen zu einem herrlichen Erfolgsgericht bei. So gestand Schauspielstar Peter Simonischek bei mir:

*Ich war überhaupt nicht zielstrebig in meiner Karriere. Ich bin an die Schaubühne gekommen, weil es sich so ergeben hat. Ich wollte das natürlich, aber ich bin da nie hingefahren und habe gesagt: »Hallo, da bin ich, darf ich?« Ich war immer der Überzeugung, man muss gut arbeiten, und gut arbeiten tut man dann, wenn es Spaß macht. Und Spaß macht es, wenn man mit den richtigen Leuten arbeitet, und dann kommt auch etwas dabei heraus, das für sich selber wirkt. Und dann saß ich also bei den Oscars, als mein Film »Toni Erdmann« nominiert war, und hab mir gedacht: Ja schau mal, du hast dir nicht die Nägel abgebissen vor Ehrgeiz, dass du hier landen musst, und trotzdem bist du da, also hast du nicht alles falsch gemacht.*

Zum Schluss noch die Erfolgsgedanken eines jungen Rockstars unseres Landes. Marco Michael Wanda – in der Abfolge der Erfolgskünstler sicher der mit dem größten Understatement, ich besuchte ihn im Juni 2016 in seiner 40-Quadratmeter-Garçonnière unterm Dach in einer Wohnsiedlung am Wiener Praterstern, wir saßen an einem wackeligen Tisch neben dem Bett, eine Wassermelone lag in feinen Scheiben auf dem Teller. Der damals 29-Jährige lachte verlegen, als ich fragte, wie es dazu kam, dass Wanda jetzt Headliner am Nova Rock war, kurz davor die Stadthalle komplett ausverkauft hatte, das Album »Bussi« von null auf Platz eins eingestiegen war, fünf Amadeus Awards auch schon im Regal standen.

*Fühlt es sich für dich noch immer wie ein Höhenflug an, oder ist es mittlerweile schon ganz normal?*

Wanda: *Ich hab irgendwie nicht wirklich einen Sinn für Karriere oder so, weißt, ich hab das nie gemacht, um so eine Art persönliches narzisstisches Loch in meiner Seele zu füllen. Ich hab einfach nach einer Beschäftigung gesucht, verzweifelt in einer Gesellschaft, in der es schwierig ist, eine Beschäftigung zu finden, einen Sinn zu finden. Und das ist mein Sinn: Ich will Lieder schreiben, so wie ein Samurai, der mit dem Schwert trainiert, tu ich Lieder schreiben. Das ist meine Bestimmung, meine Erfüllung und Gott sei Dank mein Beruf, ich wüsste nicht, was ich sonst machen sollte. Ich habe keine Talente, ich kann ein wenig pfeifen, aber das ist alles.*

*Aber ein ganz großes Talent, zu singen und Lieder zu schreiben und Texte zu formulieren.*

Wanda: *Sagen andere! Ob's so groß ist, weiß ich gar nicht. Ich glaub, ein Talent definiert sich vor allem durch die Ausdauer, das heißt, wenn ich in zehn Jahren immer noch so gut Musik mache, dann könnte man von einem Talent sprechen, glaub ich.*

Marco Wanda rauchte viel und öffnete noch ein Bier, wie immer trug er ein weißes T-Shirt und eine Lederjacke, der Kleiderhaken bei der Tür war leer, das Zimmer spartanisch möbliert, er lachte und sagte: *Ich ziehe die Sachen an, die die Leute bei mir vergessen haben, ich hab's nicht so mit dem Geldausgeben, ich habe zu viel Respekt vor der Armut.* Und er betonte:

*Wir wollten wirklich für die Leute spielen. Wir waren nicht so Indie-Kreaturen, die sich mit langen Haaren mit dem Rücken zum Publikum gestellt haben, weißt, so, sondern wir stehen den Menschen gegenüber und laden sie ein, mit uns nachzudenken, zu tanzen oder irgendwas zu fühlen und schließen dabei niemanden aus. Vielleicht ist das so ein bissl das Erfolgsgeheimnis, dass wir's wirklich gerne für diese Menschen machen.*

*Definiert sich bei dir Erfolg auch über das Vermögen?*

**Wanda:** *Ganz objektiv kann man sicher sagen, ja, aber … ich hab einfach keinen Sinn für Erfolg, es ist, als würde dieser Teil in meinem Gehirn nicht funktionieren, also ich weiß es nicht. Es hat der Schlagzeuger von Nirvana etwas sehr, sehr Treffendes gesagt, wie sie so groß waren mit »Nevermind« Anfang der Neunziger. Er hat gemeint, es fühlt sich an, als hätte man mit guten Freunden eine Bank ausgeraubt, und es hat funktioniert. Ich glaub, so kann man das Lebensgefühl beschreiben, das wir haben. Es fühlt sich schon ein bissl frech an, so auf der Bildfläche zu erscheinen als Indie-Band, mit billigsten Mitteln produziert, die erste Platte hat uns 900 Euro gekostet, das haben wir dem Produzenten gezahlt, das war's. Und dann fühlt sich der Erfolg frech an, irgendwie voll.*

Und so bleibt die genaue Rezeptur, was den Erfolg denn jetzt ausmacht, nach wie vor im Unklaren. Manchmal fühlt er sich frech an und meistens ziemlich gut.

**ELYAS M'BAREK:** »Das waren aber jetzt viele Wörter. Ich bin sehr erschöpft.« **HARALD KRASSNITZER:** »Krise ist für mich etwas unheimlich Schönes. Weil immer wenn du eine Krise hast, heißt das: Es bewegt sich etwas.« **JAMIE OLIVER:** »Wenn mein ganzes Geschäft morgen weg wäre, würde ich wieder bei schlechter Bezahlung gutes Essen kochen. Aber meine Familie und ich, wir wären glücklich, wir haben uns, und das ist alles, was zählt!« **FELIX NEUREUTHER:** »Ob du Erster, Zweiter, Dreißigster wirst, ist völlig wurscht. Das Wichtigste ist, wie du als Mensch bist – und ob du damit zufrieden bist.« **THOMAS BUBENDORFER:** »Erst durch den Fehler erkennt man das Richtige.«

# Was lerne ich aus Scheitern?

Er saß da und wollte viel lieber ganz woanders sein. Ich war mir sicher, dass sich Elyas M'Barek weit weg gewünscht hat, genau dieses Gefühl vermittelte er, als wir einander gegenüber waren in der weihnachtlich geschmückten Suite des Hotels Palais Coburg. Genau für einen Nachmittag war der Schauspiel-Superstar im Dezember 2017 nach Wien gekommen, um seinen neuen Kinofilm zu promoten, und »Frühstück bei mir« war eines der zwei Interviews, die von der Filmfirma gewünscht und von seinem Management gestattet worden waren.

Die Begegnung war von Beginn an verbockt. Der Schauspieler betrat die Suite, sah meinen Fotografen im Raum und flüsterte seiner Managerin ein paar Sätze ins Ohr, die dann die Pressedame der Filmfirma auf den Balkon zog, um ihr dort mit großen Gesten etwas offenbar dramatisch Störendes mitzuteilen. Hoppla, es ging um den Fotografen (dessen Anwesenheit ich Tage davor angemeldet hatte, was auch abgesegnet worden war)! *Keine Fotos*, lautete das Kommando in unsere Richtung, als die beiden Damen wieder vom winterlich verschneiten Balkon ins Zimmer stiegen, es war ja dann doch recht frisch da draußen. M'Barek blickte teilnahmslos in den Raum – wer hier die Regeln machte, war klar und musste ganz sicher nicht ausdiskutiert werden. *Nicht einmal ein Interviewfoto am Frühstückstisch?*, fragte ich ungläubig. Die Managerin schüttelte energisch mit dem Kopf. *Dann wird es das erste Interview für diese Sendung sein, von dem es kein Foto gibt*, meinte ich. *Und das nach 21 Jahren.*

So wollte man dann offensichtlich doch nicht in die Sendungsgeschichte eingehen. Ein paar Fotos wurden also ausnahmsweise gestattet, obwohl interessant war, dass im Zuge eines PR-Termins, der möglichst viele Leute ins Kino bringen sollte, gerade ein Foto, das ja ausschließlich der Verbreitung dieser Botschaft diente, die Ausnahme sein sollte. Der »Fack ju Göthe«-Star war smart wie immer, mit cooler Baseballkappe und Lederjacke, die wirklich teuer aussah, also da war ja nichts zu verstecken. Er setzte sich nun endlich an den Tisch, wir rückten die Tassen – und uns – in Position und lächelten breit in die Kamera. Gelernt ist gelernt! Der Fotograf drückte einige Male ab, dann wurde er am Ellenbogen gezogen und hinauskomplimentiert. Genug der Fotos, jetzt zum Interview. Im gut geheizten Raum fühlte es sich irgendwie nach Minusgraden an.

Die Stimmung wollte sich nicht erwärmen, egal was ich fragte. M'Barek war da, um den Weihnachtsfilm »Dieses bescheuerte Herz« zu promoten, die berührende Geschichte eines herzkranken Buben, dem er im Film als verwöhnter Arztsohn, der dann zum Freund wird, bei der Erfüllung seiner Herzenswünsche hilft. Alles drehte sich also um die großen Themen Freundschaft, Endlichkeit und die »Bucket List«, also die Liste der Vorhaben, die man vor seinem Tod unbedingt noch realisieren will. Es war naheliegend, auch im Interview bei all diesen Themen zu bleiben. Hatte der Schauspieler jemals Erlebnisse, die das Bewusstsein um die eigene Endlichkeit nähergebracht haben? *Nee, hatte ich nicht*, sagte er schroff. Ob er gläubig sei? *Jetzt werden wir aber sehr privat hier! So Dinge wie Glaube, Religion, Familie, Partnerschaft und Beziehung bespreche ich nicht in der Öffentlichkeit, das weiß man ja*, bekam ich gleich den Katalog der No-go-Fragen serviert. Gut, dann blieb mir noch *das* Thema des Films – die Wunschliste, hier würde ich wohl aus dem Vollen schöpfen, denn die Antwort auf diese Frage schüttelte der Hauptdarsteller im Zuge seiner Promotion-Tour sicher aus dem Ärmel. *Also, Elyas, deine Wunschliste im Leben? – Darüber habe ich mir noch keine Gedanken gemacht, die gibt es nicht*, so der Schauspieler kurz angebunden. Und selbst beim Thema, das eigentlich kaum an Harmlosigkeit zu überbieten war, nämlich wie er denn in wenigen Tagen Weihnachten feiern würde, war keine Auskunft zu bekommen. *Ich feiere Weihnachten, so wie alle Weihnachten feiern*, antwortete er knapp. Seine Bemerkung *Manche*

*Schauspieler geben gar keine Interviews* ließ die Frage aufsteigen, warum er sich dann überhaupt mit mir hingesetzt hatte – und ich bemerkte das auch in seine Richtung, doch er überging es.

Auf jeden Fall war es eines dieser Gespräche – die Gott sei Dank in der Minderzahl sind –, die zeigen, wie Interview-Begegnungen auch ablaufen können. Manchmal schlage ich mir auch den Kopf blutig an der Mauer, die mein Gegenüber aufzieht. Ich war jedenfalls froh, als die Managerin mit hektischer Geste auf ihre Uhr das Zeichen zur letzten Frage gab. Dieses Gefühl habe ich selten, weil sonst schwirren noch dutzende ungefragte Themen in meinem Kopf herum, aber diesmal wusste ich ganz klar und eindeutig: Hier war alles gesagt.

M'Barek sprang auf, resümierte: *Das waren aber jetzt viele Wörter – ich bin sehr erschöpft,* und verließ fluchtartig das Zimmer. Selbst seine Filmfirma rätselte, was an dem Tag mit ihm los gewesen sei. Schade, dachte ich mir, denn natürlich hatte ich mich gefreut, wenn ich und meine Hörer Einblicke hinter die Fassade des Filmschönlings bekommen hätten, aber dieser Raum blieb weiter fest verschlossen. Bin ich jetzt gescheitert?

Ja, meine Bemühungen sind gescheitert, das Gespräch in Fluss zu bringen, ich versuche das immer mit viel Freundlichkeit und auch mit umfassendem Wissen um meine Gäste. Fragen, die von guter Vorbereitung zeugen, beweisen Wertschätzung und öffnen das Gegenüber, das habe ich schon oft erlebt. Doch ein Scheitern ist es für mich erst, wenn ein Gelingen möglich ist. Und das war in diesem Fall einfach nicht gegeben. Wenn ein Gast so offensichtlich schlecht gelaunt ist, habe ich gelernt, es nicht mehr auf mich zu beziehen. Jeder nimmt sein Leben, seine Sorgen, seine WhatsApp-Nachrichten und Facebook-Kommentare mit in den Raum, wo zum Frühstück gedeckt ist und die Mikrofone warten. Wahrscheinlich ist der »Fack ju Göhte«-Star kurz vor unserem Treffen selbst an irgendetwas gescheitert.

Ich blicke auf mein Leben, und ein ganz großes Scheitern fällt mir zunächst gar nicht ein. Blieb es mir erspart? Nein, ganz sicher nicht, ich bewerte diese Erlebnisse mittlerweile anders. Ja, ich wollte immer an der Sorbonne, der renommierten Universität in Paris, studieren und ließ mich dann von meinem Model-Job und den Möglichkeiten als Journalistin weitertreiben – ist das ein Scheitern? Nein, das war die bewusste Entscheidung für einen anderen Weg, also eigentlich lediglich eine verpasste Chance, weil dutzende andere Möglichkeiten verlockender und wahrscheinlich auch passender waren. Ich schied in der ersten Runde von »Dancing Stars« aus, damals im Februar 2008, ein Scheitern vor einer Million TV-Zusehern, könnte man sagen. Anfänglich war es natürlich eine große Enttäuschung, die aber gefolgt war von der Erleichterung, dass ich eine Rolle, die gar nicht so gut zu mir gepasst hatte, bald abstreifen durfte. Das Scheitern in der Liebe gab es auch, natürlich, doch jede Trennung war der richtige Schritt hin zu jemand anderem, der besser zu mir passte. »Tatort«-Star Harald Krassnitzer könnte es ähnlich sehen, denn er sagte bei mir: *Krise ist für mich etwas unheimlich Schönes. Weil immer, wenn du eine Krise hast, heißt das: Es bewegt sich etwas.* Nur: Dieses Gefühl gilt es klug zu verwandeln – mit ernsthaftem Einsatz, auch in den Beziehungen. Krassnitzer, der sich vor seiner Ehe mit der Schauspielerin Ann-Kathrin Kramer gerne als »Lonesome Cowboy« mit Kurzzeit-Lieben verstanden hatte, meinte: *Irgendwann steht man auf und sagt: Was war da eigentlich außer leicht? Und ist erschrocken, weil da jemand neben einem liegt, den man nicht kennt, den man nie wahrgenommen hat, deshalb ist Beziehung für mich arbeiten. Dann wackelt die Liebe auch nicht.* Auch Maler-Star Gottfried Helnwein konnte das Gefühl, gescheitert zu sein, positiv besetzen. Für ihn war es der Motor für sein Schaffen: *Was mich weitergedrängt hat, war die Unzufriedenheit. Ich war immer unzufrieden mit dem, was ich gemacht habe, ich fand das Ergebnis so katastrophal, weit von dem, was ich wollte und angestrebt habe, das hat mich immer angetrieben, es wieder neu zu probieren.* Schriftsteller Mark Twain brachte es so auf den Punkt: *Wenn wir uns erlauben zu scheitern, erlauben wir uns gleichzeitig, uns selbst zu übertreffen.*

Was offensichtlich auch die Leitlinie des britischen Starkochs Jamie Oliver war, der bei unserer Begegnung im April 2018 gerade mitten in der Krise rund um die Schließung von 13 Restaurants seiner Kette »Jamie's Italian« steckte, kolportierte 70 Millionen Euro Verlust lautete die bittere Bilanz, was vor allem in der britischen Presse ausgeschlachtet wurde, der »Independent« nannte ihn wenig schmeichelhaft einen *schusseligen Möchtegern-Geschäftsmann, der seine Geldgier über alles stellt.*

Dieser Kommentar ließ mich an ein Schreibseminar denken, das ich im Jahr 2007 bei dem deutschen Autor Peter Renz absolviert hatte. Er gab uns als eine Regel für den gelungenen Roman mit: *Je größer die Fallhöhe der Protagonisten, desto packender für den Leser.* Und dass Jamie Oliver für den Betrachter von ganz oben fiel und manche ihn auch genussvoll fallen sahen, war klar. 1997 war er im Alter von 22 zufällig bei einem Dreh der BBC in dem Londoner Restaurant »River Cafe« entdeckt worden, wo er als Sous-Chef arbeitete – noch dazu an einem Abend, an dem er eigentlich gar nicht Dienst hatte und für einen Kollegen eingesprungen war, wie er mir dann bei unserem Frühstück erläutern sollte. Und sofort war er als TV-Koch, als der erste junge Wilde am Herd kometenhaft emporgestiegen, hatte mit Kochbüchern, Fernsehshows, Restaurants ein Imperium aufgebaut, sein Vermögen wird auf 170 Millionen Euro geschätzt. Er fiel tatsächlich aus schwindelerregender Höhe.

Dementsprechend nervös war auch sein Umfeld bei dem Presse-Event, das anlässlich des eintägigen Wien-Besuchs des Meisters in seinem Restaurant »Jamie's Italian« organisiert worden war. Rund 40 Journalisten waren da, auch ein paar Fans wurden zugelassen, und ich war hier die Auserwählte, die nach seiner kurzen Pressepräsentation für alle geladenen Gäste dann exklusiv eine Stunde Gespräch mit dem »Popstar der Küche« zugestanden bekam, viele Monate zuvor hatte ich schon darum angesucht, die Reichweite von Ö3 und »Frühstück bei mir« natürlich immer als Rückenwind. Endlich saßen wir am Frühstückstisch, im Souterrain von »Jamie's Italian« in Wien, die Bodyguards von Jamie vor der Tür, seine Presseagentin am Nebentisch, die meinen Fotografen Martin Krachler nach wenigen Aufnahmen verabschiedete, ich hörte das Klicken seiner Kamera nicht, ich bemerkte nicht, als er ging, so konzentriert war ich auf mein Gegenüber, diesen lustigen, lebendigen, schnell sprechenden Briten. Nicht mehr als eine Frage zu seinen Geschäftsschließungen sei erlaubt, das hatte mir die PR-Lady im Vorfeld mitgeteilt. Wie so oft probierte ich einfach, was ging. Und das war, wie meistens, viel mehr.

*Dein Business-Imperium macht ja momentan eine schwierige Phase durch. Du hast vor kurzem zwölf Restaurants der Kette »Jamie's Italian« in Großbritannien schließen müssen und eines in Australien. Was war denn deiner Meinung nach dein größter Fehler?*

Oliver: *Oh Gott, da gibt es wahrscheinlich so viele. Die Gastronomie ist ein sehr hartes Geschäft und auch kompliziert. Also ich denke, die Restaurants, die wir geschlossen haben, haben wir in einer Zeit eröffnet, als wir sehr zuversichtlich waren. Wir haben damals ein 25 Jahre dauerndes Mietverhältnis vereinbart, und diese Mieten waren sehr teuer, und da waren dann noch die Zinsen, die ja an die Mieten gekoppelt waren. Wir verwenden auch hochwertige Zutaten, auch das kostet was – die Einnahmen, die du haben musst, um all das zu decken, waren nicht zu erreichen. Dann musst du Entscheidungen treffen.*

*Aber wie gehst du mit dem Scheitern um? Du bist so erfolgsverwöhnt, und plötzlich funktioniert etwas nicht ...*

Oliver: *Das ist eben die Natur des Unternehmerdaseins. Ich war nie sehr gut darin, Geld zu sparen. Wann immer ich gutes Geld verdient habe, habe ich es immer in eine gute, wertvolle Idee reinvestiert, zirka 60 Prozent davon sind aufgegangen und ungefähr 40 Prozent nicht – also hab ich schon anderes aufgeben müssen in den letzten zehn Jahren, das nicht funktioniert hat. Aber immer haben wir danach gewusst, wie es richtig gehen kann. Auch harte Zeiten können etwas Positives hervorbringen.*

Für mich ein Schlüsselsatz, den der britische Celebrity-Chef so lässig über den Tisch aussprach – die Hürden sind die wahre Lebensschule, ja, genauso ist es. Jamie philosophierte weiter, bezog das Publikum und auch mich immer wieder ein – das »Storytelling«, also die Kunst, Geschichten zu erzählen, das er als einen Schlüssel seines Erfolges nannte, beherrschte er beeindruckend gut. *Wenn du die Geschichte nicht erzählen kannst, dann erfährt es niemand, und wenn es niemand erfährt, wen kümmert es? Wen kümmert es, was ich weiß, wenn du es nicht weißt?*, betonte er die Wichtigkeit, den Menschen seine Inhalte zu vermitteln. Und erklärte, warum er immer mutig war.

Oliver: *Ich glaube, Menschen haben Angst zu scheitern, und das ist wahrscheinlich der Grund, warum sie es niemals probieren. Es gibt wahrscheinlich viele, die hier zuhören, die ganz genau verstehen, was ich jetzt meine, und es gibt vielleicht noch mehr Menschen, die immer etwas ausprobieren wollten, aber es niemals getan haben. Es gibt da keinen richtigen oder falschen Weg. Es ist nichts falsch daran, konservativ zu sein und auf die sichere Seite zu gehen. Aber dann musst du ein Leben führen, wo du dir immer sagst: »Oh, das hätte ich machen können, aber ich habe es niemals getan.«* Beides ist bitter: Etwas mit Liebe und Sorgfalt auszuprobieren und es funktioniert nicht, ist schmerzhaft. Zu viel über gute Ideen nachzudenken, die mittlerweile bei anderen funktionieren, die aber du nie ausprobiert hast, das frisst die Leute genauso auf.

*Aber nicht dich, weil du hast ja das meiste davon ausprobiert.*

Oliver: *Für mich war das ganze Jahr mit den Restaurants extrem hart, aber zur selben Zeit, in den anderen Bereichen meiner Welt, wo es um Medien geht, Bücher und Fernsehen, hatten wir das produktivste, glücklichste und auch erfolgreichste Jahr überhaupt. Also: Du kannst nicht alles haben – nicht einmal Jamie Oliver, nicht einmal Disney. So ist das Leben! Ich denke, grundsätzlich ist es wichtig für mich, dass meine Projekte von Kreativität angetrieben sind und nicht von kommerziellem Denken ... aber bei wirtschaftlichen Projekten, bei denen ich Fehler gemacht habe, hoffe ich stark, dass ich die nicht wiederhole. Ich denke, man macht einfach weiter. Ich meine, darum geht es ja: So wie Dorie in dem Film »Findet Nemo« sagt: Wir schwimmen weiter. Und das ist, was wir alle tun.*

Hinfallen, Krone richten, weitergehen: Genau das war, in anderen Worten, auch das Motto dieses Mannes, der eine so starke Marke geworden ist, beeindruckend große Pläne und eine wirkliche Mission hat: *Mein großes Ziel ist, die Anzahl der fettleibigen Kinder in Großbritannien mit meiner Botschaft von gesundem Essen bis 2030 zu halbieren,* verriet Oliver mir. Doch offensichtlich wurde er von den Sprüngen zwischen den vielen Schauplätzen seines Imperiums doch sehr stark beansprucht, trotz der Make-up-Schicht, die seine Visagistin ihm verpasst hatte, sah der britische Fernsehstar müde aus. Und dennoch waren seine Erzählungen lebendig, der 42-Jährige gestikulierte wild und lachte laut und machte keinen Hehl aus seinen Schwächen wie etwa seiner Legasthenie – ein Punkt, der mir wirklich Bewunderung abrang und wieder zeigte, dass etwas, das herkömmlich als Defizit gewertet wird, auch ein Motor sein kann, in jedem Fall kein Grund zum Scheitern sein muss. Oliver war schon längst der erfolgreichste Kochbuchautor der Welt, mit 40 Millionen verkauften Exemplaren, obwohl er in »Frühstück bei mir« gestand, bis heute der Rechtschreibung nicht mächtig zu sein: *Ich musste eben Wege finden, meine Legasthenie zu umgehen. So diktierte ich meine Kochbücher einfach herunter, früher wurde das 1:1 abgetippt, aber geschwätzig wie ich bin, waren die Rezepte dann meistens ausschweifend. Heute habe ich ja ein großes Team, an jedem Kochbuch arbeiten 130 Leute, und Gott sei Dank bearbeitet jetzt eine Redakteurin alle Texte und bringt sie in Form.*

Die Legasthenie sei für ihn auch ein Gewinn, sagte er so nebenbei – ich horchte auf, wieder eine Bestätigung, dass es nur um die Art der Bewertung von allem, was dir zustößt, geht. *Ein Legastheniker sieht die Dinge anders. Dort, wo Experten scheitern, Zusammenhänge, Probleme, Aufgaben zu vereinfachen, gelingt es mir,* erklärte Jamie.

Noch einen Tipp hatte er für die Hörer, die Angst vor einem Wagnis haben: sich das Worst-Case-Szenario auszumalen, denn oft ist der schlimmste aller Fälle gar nicht so dramatisch. *In den letzten eineinhalb Jahren gab es schon einige Freunde und Verwandte, die schwer krank waren oder gestorben sind.* Der Küchenstar blickte nachdenklich an mir vorbei, in seinem Kopf-Kino wurden offensichtlich gerade jene Erlebnisse abgespult, die ihn materiellen Verlust in einem anderen Licht sehen ließen.

Oliver: *Dadurch wurden meine Perspektiven verändert, zum Besseren. Ich meine, das Business ist am Ende des Tages Bullshit! Wenn mein ganzes Geschäft morgen weg wäre – meine Frau Jools und ich haben darüber gesprochen –, das schlimmste Szenario für die ganze Familie wäre, dass ich in irgendeiner Restaurantküche arbeiten würde. Und ich würde bei schlechter Bezahlung gutes Essen kochen. Aber wir wären glücklich, wir haben uns, und das ist alles, was zählt! Ich meine das wirklich so. Ich war sehr, sehr glücklich, als ich jung war und eine kleine, miese Wohnung hatte. Wir haben gut gegessen, als wir arm waren, und wir essen gut, jetzt, wo wir Geld haben. Ich habe beim Essen, beim Vergnügen und bei der Liebe noch nie Kompromisse gemacht! Wenn jemand in deiner Familie stirbt, das ist wirklich, was zählt. Wir können ja nichts von diesen schönen Dingen mitnehmen, wenn wir sterben, nicht?*

Dinge in Relation zu sehen kann oft denen helfen, die mit dem Scheitern hadern. Und sich dieser Möglichkeit immer bewusst zu sein, wie auch Schokolademacher Sepp Zotter betonte, der in den Anfängen seiner Unternehmerkarriere mit drei Konditoreien und 500.000 Euro in Konkurs ging: *Jeder ist jeden Tag dem Scheitern näher, als er glaubt. Und wenn es passiert, dann stehst du als Versager da. Aber eine Pleite kann auch ein Neuanfang sein.* Für manche ist dieser Grenzgang allerdings auch ein Kick. Slalomstar Felix Neureuther schwärmte gar: *Die Versagensängste sind auch schöne Gedanken, genau dann wird es erst richtig emotional. Wenn du Gedanken hast, dass du es nicht schaffen wirst, und du schaffst es trotzdem, das sind die Momente, für die du als Sportler lebst.* Im Jänner 2018 habe ich ihn besucht, nach seinem Kreuzbandriss kurz vor den Olympischen Spielen. Ganz Gentleman holte mich Felix vom Bahnhof in Garmisch-Partenkirchen ab, obwohl er noch deutlich humpelte, und akzeptierte lächelnd, dass ich das Interview gerne bei ihm zu Hause machen wollte. Sofort rief er seine Frau Miriam an und bat sie, Weißwürste und Brez'n einzukaufen. Die kauten wir in seiner Wohnung mit Blick auf die Wiese, auf der er Skifahren gelernt hatte. Der damals 33-Jährige resümierte: *Das Wichtigste ist, weiterzukämpfen, und wenn du hart arbeitest und besser bist als die anderen, dann kommt der Erfolg ganz allein wieder, definitiv.* Der sympathische Bayer, der gerade

Vater geworden war, hatte ohnehin längst andere Prioritäten: *Ob du Erster, Zweiter, Dreißigster wirst, ist völlig wurscht. Das Wichtigste ist, wie du als Mensch bist – und ob du damit zufrieden bist. Wie du mit anderen Menschen umgehst und ob du Respekt vor ihnen hast.*

Gesundheitliche Krisen eignen sich für einen klaren Erkenntnisprozess. Ich möchte Sie jetzt noch nach Monaco mitnehmen, in eine Wohnung im 24. Stock mit fantastischem Blick auf die Hochhäuser von Monte Carlo und das Meer. Dort habe ich im Mai 2017 den Extremkletterer Thomas Bubendorfer getroffen, immer ein wunderbarer, klarer, weiser Gesprächspartner. Sein Scheitern hätte ihn beinahe das Leben gekostet: Am 2. März 2017 war er beim Eisklettern aus zehn Meter Höhe abgestürzt, schwebte eine Woche in Lebensgefahr, alle Rippen waren gebrochen, Leber und die Lunge gerissen, der rechte Fuß war zerschmettert. Auf Krücken mühte er sich mir entgegen, und trotzdem kam ihm keine Klage über die Lippen, auch später nicht, als der Fuß schon schmerzte. Trotz der Verletzungen organisierte er sein Leben allein, seine Frau und die Kinder wohnten in Österreich und kamen lediglich ab und an auf Besuch. So war sein Beziehungsmodell, das zwar viele verwunderte, aber schon seit Jahren bestens funktionierte. Das Scheitern war ein großes Thema bei diesem Gespräch, schließlich hatte der Berg-Philosoph mir schon bei unserem ersten »Frühstück bei mir« den starken Satz *Krisen sind das Beste, was einem Menschen passieren kann* mitgegeben. Konnte er das jetzt, nach diesen Tagen zwischen Leben und Tod, den dramatischen Verletzungen und den quälenden Schmerzen, wirklich so sehen, fragte ich gleich zu Beginn.

Bubendorfer: *Ja klar. Und Krisen sind auch vollkommen natürlich. Ich war vom Anfang meines Bergsteigens an ein Anhänger der Komplementarität – das heißt, es gibt nichts ohne sein Gegenteil.*

*Das habe ich beim Bergsteigen besonders gemerkt: Je weiter und je länger ich hinaufgegangen bin, desto weiter und länger musste ich auch hinuntergehen. Also habe ich gesehen: Alles, was hinaufgeht, muss auch wieder hinunterkommen. Und wenn man erfolgreich ist, dann muss man auch scheitern. Das ist die andere Seite der Medaille. Genauso, wie man Leistung bringt, braucht man auch wieder Ruhe und Erholung.*

*Und warum ist diese Komplementarität so wichtig? Weil man sonst den Erfolg nicht schätzen kann, wenn man scheitert? Oder weil es ein Lebensgesetz ist?*

Bubendorfer: *Weil es ein Lebensgesetz ist. Auch im Kleinen: Erst durch den Fehler erkennt man oft das Richtige. Wenn ein bestimmtes Verhalten zu lange funktioniert, glaubt man irgendwann, dass es richtig ist. Es kann aber schon lange falsch sein. Und dann braucht man eben, je nach Schicksal, je nach Charakter, je nachdem, wie man lebt, eine mehr oder weniger starke Krise. In meinem Fall ist ebendieser Sturz gekommen. Ich weiß jetzt, was ich ändern muss. Ich bin nämlich zu sehr ins Müssen hineingekommen.*

Der hagere Athlet, der da auf einem lederbezogenen roten Wittmann-Sessel saß und das verletzte Bein von sich gestreckt hatte, legte große Wahrheiten auf den Tisch. Unser schnelles Leben überrollt uns oft mit seinen Pflichten und Notwendigkeiten. Sind sie wirklich da – oder nur in unserem Kopf? Welches Müssen meinte also Bubendorfer genau?

Bubendorfer: *Trainieren müssen, zum Beispiel, einen Vortrag halten müssen – einmal hier und dann wieder dort. Dann musste ich nach China zu einer Präsentation von Porsche, wo ich ja Markenbotschafter bin, soll ich dann nach Amerika zu meinem Buchagen-*

*ten, war die Frage, und immer habe ich irgendetwas im Kopf. Ich habe nie nichts im Kopf. Ich mache auch nie Urlaub. Weil ich ja ohnehin dauernd in den Bergen bin oder hier zu Mittag ins Meer gehe. Ich schalte also nie ab. Und dann wird alles zu viel. Das habe ich durch den Unfall gesehen. Da ist mir, als ich beim Abseilen war, ein unvorstellbarer Routinefehler passiert. Ich muss mit den Gedanken so etwas von weit weg gewesen sein, einfach ganz woanders. Weil das Klettern war vorbei, das war erledigt, und jetzt ging es nur noch die 18 Meter hinunter. Den Helm habe ich an den Sitzgurt gehängt. Und dann weiß ich nicht – habe ich an mein Buch gedacht, oder wo ich wieder hinfahren muss ...? Aber offensichtlich war ich nicht da. Es war zu viel.*

*Und deshalb sagst du dir – du musst nichts mehr, zurückschalten, Auszeit nehmen?*

Bubendorfer: *Natürlich weitermachen, was wichtig ist. Aber nicht noch mehr. Und mit Pausen. Und deshalb ist eine Krise wirklich das Beste, was einem passieren kann. Eine Krise zwingt einen, genauer hinzuschauen. Und wenn man das Glück hat, so etwas zu überleben, dann muss man das total dankbar annehmen und sagen: Ich ändere! Ich muss ändern. Weil sonst hat es mich ja umsonst da runtergehaut. Aber da hat es mich nicht umsonst runtergehaut. Solche Sachen passieren nie umsonst. Krisen sind immer notwendig. Und da stecken die Not und die Wende in diesem Wort. Also du musst in der Not etwas wenden, etwas ändern.*

Was lerne ich also aus Scheitern? Meist, dass ein neuer Weg jetzt der richtige ist. Dass Niederlagen die Sicht weiten und andere Perspektiven bringen, die auch bereichern können. Und dass auch Interviews mit sperrigen Schauspielern lieber schnell beendet werden, um beiden die Qual zu ersparen.

**MANFRED DEIX:** »Ich bin von der Kindheit ins Alter gekollert, und jetzt bin ich a oida Kracha, a oida Zausel. Grauslich.« **NATASCHA KAMPUSCH:** »Vergebung hilft sehr dabei, in Frieden älter zu werden.« **IRIS BERBEN:** »Man muss an den Punkt kommen, einfach kein anderer sein zu wollen, man selber sein zu wollen. Dass man sagt: Hier ist das Material, das ich habe. Ich muss damit umgehen, auch was das Älterwerden betrifft.« **NADJA BERNHARD:** »Älterwerden muss man mit Ironie nehmen, und das ist wahrscheinlich die beste Überlebensstrategie. Altern ist nichts für Feiglinge.« **NIKI LAUDA:** »Jetzt fangen sie alle an zu operieren. Jeder verstellt sich, will zehn Jahre jünger aussehen, ich verstehe diese Welt nicht.« **ANDREAS VITASEK:** »Ich weiß, wie viele Sommer ich noch habe, das kann ich mir ungefähr ausrechnen. Und dementsprechend behutsam gehe ich mit diesen Sommern um.«

# Wie akzeptiere ich das Älterwerden?

Marlies war mit einer schweren Tasche gekommen, selbst zu dem eleganten Fest anlässlich meines 50. Geburtstags schleppte sie Riesiges heran. Eigentlich ein gewohnter Anblick, seit zehn Jahren leite ich mit Marlies Steinbach unser Hilfsprojekt »ZUKI – Zukunft für Kinder«, mit dem wir 800 indische Kids aus den Slums und von der Straße versorgen, und bei jeder unserer Reisen nach Kalkutta packt meine Co-Obfrau viele Koffer voll mit Schuhen, Kleidung und Spielzeug, die österreichische Unterstützer kostenlos für die Kinder in unseren Heimen zur Verfügung stellen. Sie schlichtet außerdem die Briefe aller ZUKI-Paten hinein, und alle Mitreisenden werden liebevoll von ihr genötigt, das Gepäck nach Indien zu transportieren. »Ein Trolley geht sicher noch« ist der Running Gag in unserem ZUKI-Team, denn bepackt bis auf das Äußerste treten wir jedes Mal den Flug an, dank der freundlichen Unterstützung der Fluglinie Emirates dürfen wir viele zusätzliche Kilos befördern (www.zuki-zukunftfuerkinder.at).

Wie Mary Poppins, eine der Lieblingsfiguren meiner Kindheit, zauberte Marlies also an meinem Geburtstagsabend im Dezember 2016 mehr aus ihrer Tasche heraus, als ich je darin vermutet hätte. Fette Aktenordner, genau sechs an der Zahl, kamen ans Licht. Ich schlug sie auf, und viele vertraute Gesichter blickten mir entgegen. Auf jeder Seite sah ich einen unserer indischen Schützlinge mit einem Foto von damals, dem Jahr 2006, als ich begonnen hatte, mich bei ZUKI ehrenamtlich zu engagieren, und zum ersten Mal nach Kalkutta gereist war, mich zum ersten Mal inmitten des Elends auf den Straßen und in den Slums befunden hatte. Hautnah die nackte Armut, den Gestank, die Verzweiflung zu erleben geht tief und verändert alles, wie ich seither weiß. In Marlies' Mappe fand die beklemmende Schieflage der Welt Ausdruck in süßen Gesichtern, neben den Fotos der kleinen Mädchen und Buben aus dem Jahr 2006 klebte ein aktuelles Bild von demselben Kind zehn Jahre später. Der kleine Samrat Patro zum Beispiel schaute mich mit großen dunklen Augen an, 2006 lernte ich ihn in einem unserer Heime kennen, wenige Jahre später hatte ich mit ihm die schiefe Wellblechhütte mit dem löchrigen Dach neben den Bahngleisen aufgesucht, in der er seine ersten sechs Lebensjahre verbracht hatte, sein Vater hatte durch einen Unfall beide Beine verloren und versuchte sich, auf den Gehsteigen robbend, ein paar Rupien zu erbetteln. Samrats Mutter verdiente mit Hilfsdiensten zu wenig, um die Familie satt zu bekommen, so hatte sie ihre Tochter Sharmila und ihren Sohn in unser Kinderdorf gebracht. Samrat ist mittlerweile ein fescher junger Mann, der mich auf dem zweiten Foto anstrahlte, er ist einer der besten Schüler der von ZUKI betriebenen English-Medium School, hochintelligent und fleißig, sein Traum, Wissenschaftler zu werden, liegt in greifbarer Nähe. Wieder einmal zeigte sich, was auch Genforscher Markus Hengstschläger bei mir sagte: *Auf der Welt leben wahrscheinlich eine Million Mozarts, aber die allermeisten haben keinen Zugang zu einem Instrument und können ihr Talent nicht entdecken.* So vieles liegt an den richtigen Rahmenbedingungen, und diese auch zu schaffen für Menschen, die nicht so wie wir ins Paradies geboren sind, ist eine große Aufgabe der Politik – und von uns allen.

Ich blätterte weiter in der Mappe, Surovi strahlte mich an, das indische Mädchen, das bis zu seinem 13. Lebensjahr mit einer schweren Gefäßmalformation am Oberschenkel in einer Lehmhütte in Sundarbans gelegen war, die indischen Ärzte wollten Surovi in Unkenntnis des seltenen Leidens das Bein amputieren, was sie garantiert nicht überlebt hätte. Für sie konnte ich einen Österreich-Aufenthalt organisieren und alle nötigen Operationen, die Prof. Peter Waldenberger, europaweiter Experte für Gefäßmalformationen, erfolgreich durchgeführt hat. In dem halben Jahr, in dem Surovi in Österreich war, wohnte sie oft bei mir zu Hause, so vertraut war mir auf den Fotos ihr Gesicht, ihr Lachen, ihre lieben Augen, und es ist sicher eine meiner wichtigsten Taten, dass ich diesem Kind mit der Hilfe von so vielen das Leben retten konnte.

Da stand ich also in meinem glitzernden Cocktailkleid, in einer Wohnung mit Blick auf den Stephansdom, in der ich mit meinen Freunden mein halbes Jahrhundert feierte, und wusste: Würde ich jemals mit dem Älterwerden hadern, wäre hier, in diesen sechs Mappen, meine Rezeptur dagegen verankert. Denn mit dem Älterwerden gut leben zu können hat für mich viel mit der Erkenntnis zu tun, welchen Sinn wir der verstreichenden Zeit geben können. Natürlich, körperliche Beschwerden und die äußerlichen Zeichen der vergangenen Jahre plagen uns auch, aber wirklich wichtig ist die Antwort auf die Frage: Wie habe ich die Zeit genützt, die mir geschenkt wurde? Wenn das, was wir darauf sagen, stimmig ist, wenn die Resultate blühend sind, dann fühlt sich das Durchwandern der Jahre beschwingt an, auch im Bewusstsein, dass sich das Tempo irgendwann verlangsamen wird. Wie so oft formuliert Viktor E. Frankl auch hier den richtigen Satz: *Wer um einen Sinn seines Lebens weiß, dem verhilft das Bewusstsein mehr als alles andere dazu, äußere Schwierigkeiten und innere Beschwerden zu überwinden.* Wer für andere wirkt, kann diesen Sinn gar nicht übersehen, meine ich. Trotzdem, nicht jeden kann dieser Gedanke trösten. Das Akzeptieren des Älterwerdens als eine der größten Herausforderungen des Lebens war immer wieder Thema am Ö3-»Frühstücks«-Tisch – manchen gelingt es, den anderen wieder nicht.

Beginnen wir mit einem, der immer ein wilder Bube bleiben wollte und das Älterwerden als Qual gesehen hat. Manfred Deix sollte den anderen, versöhnlichen Blickwinkel auf die wachsenden Jahresringe erst spät entdecken. Viermal habe ich ihn für »Frühstück bei mir« getroffen – die Anzahl der Zigaretten, die er rauchte, nahm tatsächlich ab, vor allem nach seinem gesundheitlichen Zusammenbruch im Herbst 2014. Bis dahin blieb sein Hadern mit dem Älterwerden unverändert. Und unüberhörbar.

Im Februar 1999 trafen wir uns in seinem Haus in Weidling bei Wien für unsere erste »Frühstücks«-Begegnung. Unser Interview sollte in der Küche stattfinden, die Anwesenheit von 70 Katzen im ersten Stock des Hauses hatte ihn unser Frühstück ins Erdgeschoss verlegen lassen, oben sperrte er ab – natürlich nur wegen der Radioaufnahme, für ihn bedeutete dieser katzenlose Zustand einsam zu sein. Aber bei dieser Begegnung war sehr vieles sehr speziell: Wir trafen uns erst am späten Nachmittag – für Nachtarbeiter Deix ohnehin der Zeitpunkt seiner wirklichen Frühstückszeit –, auf dem Teller sah ich aufgeschnittenes Brot und ein paar wellige Blätter Käse, *weil Schinken und Extrawurst kann ich dir wirklich nicht geben, die wurden exklusiv für meine geliebten Schnurrwesen eingekauft,* grinste er, und natürlich hatte ich großes Verständnis für die wahren Prioritäten in seinem Leben. Wer konnte schon behaupten, seine Tierliebe unter 70 Katzen aufteilen zu müssen? Und diese Liebe war wirklich bedingungslos und unerschütterlich, das bewiesen auch seine Erzählungen vom ganz normalen Katzenchaos: *Sie scheißen mir regelmäßig in den Drucker, und den muss ich dann wegschmeißen,* knurrte er mit einem verliebten Lächeln. Eigentlich war jedes Thema besser, als ihn auf seinen nahenden 50. Geburtstag anzusprechen. Ich tat es trotzdem und wies zart darauf hin:

*Manfred, du wirst ja demnächst 50, ist dir das bewusst?*

Deix: *Waß i! Bist du still, dass ich das nie wieder höre! Das darf niemand wissen! Pst!*

*Ist das ein wunder Punkt?*

Deix: *Es ist wirklich ein wunder Punkt. Mir hat immer gegraust vor den Fünfzigjährigen, kugelrund warn die, kane Haar mehr am Schädel, hatten nebenbei eine dicke alte Frau da sitzen und fünf schiache Kinder, so einer wollt ich nie werden. I bin immer sehr kindisch gewesen, und meine Kindlichkeit, mein Kindesalter, hat sich hingezogen bis vor zwei, drei Jahren. Da hab ich mir gedacht: 46? Das sind die Leute, über die ich in der Zeitung lese: 46-Jähriger überfällt eine Bank. Ich hab mir immer gedacht, die oiden Trotteln! Jetzt werden s' deppert auf ihre oidn Tåg. Nicht ahnend, dass ich selber schon 46 war, wie ich das gelesen hab. Und jetzt – der Fünfziger, der im Februar zuawochst ...*

*... der wird ja sicher groß gefeiert, oder?*

Deix: *Na, um Gottes willen! Da verlass i das Bett ned, da bin i unter der Tuchent! Das ist sicher der schwärzeste Tag meines Lebens: zu wissen, dass i scho 50 Jahre da bin, und es is ned vü passiert in Wahrheit, andere haben Kriege geführt, haben Firmen zugrunde gerichtet, waren achtmal im Häfn, haben 14 Weiber g'schwängert, ich weiß nicht was, bei mir is ned vü passiert.*

Das sagte einer der berühmtesten Karikaturisten des Landes, der tausende Zeichnungen in den auflagenstärksten Printmedien veröffentlicht hat und sich dabei selbstbewusst mit den mächtigsten Politikern und Kirchenfürsten angelegt hat, der für seine Zeichenkunst sogar den Johann-Nestroy-Ring und mehrere Verdienstzeichen bekommen hat. Und wieder war ich in dem Gespräch an einem Punkt, an dem es zu Geständnissen kam.

Deix: *Ja gut, das ist alles ned so beeindruckend. Wenn ich mir irgendwelche Schnösel anschau, die ein anderes Ego hatten, die waren viel selbstbewusster, ich hab mich immer geniert. Einer der*

*Gründe dafür, dass i so vü 'tschechert håb, so viel gesoffen håb, war immer meine Angst vor Kameras, vor Mikrofonen.*

Ich schüttelte ungläubig den Kopf. Manfred Deix, von dem ich so viele provokante Interviews kannte, soll komplexbehaftet sein? Ich konnte es nicht glauben und sagte das auch.

Deix: *Ja, Tatsache. Ich bin mir immer sehr schiach vorgekommen, und das war der Hauptgrund dafür, dass ich mir vorher ein paar Vierteln hineingegossen habe, um die Angst wegzukriegen, weil i mir immer gedacht hab, du schiacher Hund mit deine dicken Lippen, mit deine klanen Schasaugen. Ich bin an meiner Hässlichkeit gescheitert, und mittlerweile leb i damit, und so schiach bin i a ned, i bin Durchschnitt, bin unauffälliger Durchschnitt – das soll auch sein.*

War es kokett, waren es wirkliche Komplexe? Nicht leicht zu sagen im Interview mit dem Künstlergenie, das schon als Kind Indianer so echt zeichnete, dass die Leute im Wirtshaus seiner Eltern nicht recht glauben wollten, dass der Sohn den Stift selber geführt hatte. Was wollte Deix sonst kompensieren mit seinen Exzessen und Abhängigkeiten, vor allem der Sucht nach Nikotin, die ihn letztlich dann mit jungen 67 auch das Leben kostete?

Ich versuchte es bei unserer Begegnung am 18. Februar 2015, die unsere letzte sein sollte, herauszufinden. In seinem Lieblingslokal in Weidling hatten wir uns getroffen, vier Tage vor seinem 66. Geburtstag. Die Wirtin überraschte ihn mit einer Torte, sinnlich gewölbt in Form einer weiblichen Brust, Sprühkerze darauf. Deix stöhnte schmerzvoll, als er das deutliche Zeichen eines weiteren abgelaufenen Lebensjahres erkannte, rief dann aber freudig: *Jöh, a Tuttltorte!*, und blickte mit mir mit der Begeisterung eines Kindes in den Funkenstrahl. Und diesmal war es anders als sonst bei unseren Zusammentreffen, bei denen sich der ewige Beach Boy die Fragen rund ums Älterwerden verboten hatte, da hatte er ja immer gesagt: *Hör auf, mir graust davor. Mir graust davor! Bald ist der Friedhof in der Nähe! Ich bin von der Kindheit ins Alter gekollert, und jetzt bin ich a oida Krâcha, a oida Zausel. Grauslich.*

Diesmal war es also anders. Denn es wird anders, wenn uns die Zerbrechlichkeit des Lebens so richtig bewusst wird und jeder verstrichene Tag plötzlich nicht Bürde, sondern Geschenk ist. Fünf Monate nach seinem Lungeninfarkt, Totalzusammenbruch bis zum klinischen Tod saß der Wiederauferstandene da, geläutert saugte er an seiner Elektrozigarette und meinte ungewohnt zahm: *Ich habe maßlos übertrieben, habe wie ein Idiot geraucht, mein Körper hat sich dagegen gewehrt und gesagt: »Stopp, Depperter.« 120 Zigaretten am Tag waren der Schnitt, das war einfach* too much.

Sprach's und saugte weiter an der Ersatzzigarette.

*Hast du dir deine Sucht jemals zu erklären versucht? Wonach hast du in Wahrheit gestrebt?*

Deix: *Na, ich hab das einfach nur genossen. Ich hab gemerkt, das tut alles so gut, alles, was verboten ist, ist fantastisch. Rauchen? Herrlich! Schmeckt so gut! Das Gefühl, das die Zigarette mir gegeben hat, war unglaublich gut. Ich habe Geborgenheit gespürt, Wohlbefinden.*

Mit dieser lebensbedrohlichen Krise waren die Eitelkeiten rund um das Älterwerden gewichen – nach Wochen auf der Intensivstation wusste er, dass jeder neue Tag einen besonderen Wert hat. Deix meinte optimistisch zu mir: *Ich bin in einem guten Zustand, hab eine schwere Krankheit abgebogen, die mich wirklich bedroht hat. Und gibt es nichts in meinem Leben, über das ich klagen würde. Ich hab mich gut derfangen und sehe der Zukunft lachenden Auges entgegen.* Und auch sein Leben, seinen Beruf wusste der Star-

Karikaturist mehr zu schätzen. *Ich hab das Glück, einen Beruf zu haben, der vom Lachen bestimmt wird. I werd munter – zack, die lustigen Ideen kommen, und ich fang an zu zeichnen. Mein Leben ist bestimmt vom Humor, und damit verdiene ich auch noch Geld. So gesehen geht es mir wirklich gut. Ich bin ein Glückskind.*
Folgendes sagte Deix wenige Monate vor seinem Tod im Juni 2016, bereits schwer gezeichnet von seiner Lungenkrankheit COPD und einem Zusammenbruch, nachdem er viele Wochen im Krankenhaus gelegen war. Es klang bereits nach einer Lebensbilanz, doch weiter wollte er nicht denken: *Das Thema Sterben dringt nicht in mich vor, das geht ned. Oder ich weiß, das will ich nicht, und damit: Tschüss! Auf Wiederschaun! Grauslicher Gedanke. Hauts euch über die Häuser. Sterbts selber. I wü ned sterben.* Wie auch Georg Danzer bei unserer letzten Begegnung sinnierte: *Man kann sich jedermanns Tod vorstellen, nur den eigenen nicht.*

Doch die Beschäftigung mit dem Älterwerden ist an kein Alter gebunden. Jedes Leben läuft nach seinem eigenen Rhythmus ab, Falco hatte seine größte Krise mit 30, denn *wenn der Erfolg schneller wächst, als die Seele mitwachsen kann, dann hat man ein Problem,* Robbie Williams haderte mit dem Vierziger, als ich ihn traf: *Die Midlife-Crisis ist mir fast sicher, bald seht ihr mich mit Stripperinnen auf dem Rücksitz eines Ferrari.* Besonders interessant allerdings war es für mich, Natascha Kampusch, das wohl prominenteste Entführungsopfer Österreichs, gleich nach ihrem 30. Geburtstag für »Frühstück bei mir« zu treffen. Wie denkt eine über das Älterwerden nach, die um achteinhalb Jahre in Freiheit und Normalität beraubt wurde?

Unzählige Male hatte ich um ein Gespräch mit ihr angefragt seit ihrer Selbstbefreiung im August 2006, einmal waren Anwälte, dann wieder PR-Agenten für ihr Management zuständig, nie hatte es geklappt. Als ich endlich die Gelegenheit fand, selbst mit ihr zu sprechen, war der Weg für unser Frühstück schnell gebahnt. Die junge Frau hatte für einen Ö3-»Wecker«-Talk den Sender besucht und erkannte mich sofort, sie wirkte geschmeichelt, als ich fragte, ob sie am Ö3-»Frühstücks«-Tisch Platz nehmen wolle. Sogleich konnte Kampusch Gäste aufzählen, die sie in meiner Sendung gehört hatte, Autor Rüdiger Dahlke, Toni Innauer war ihr in Erinnerung oder Michael Niavarani, als er über seine Depression erzählte – alles Sendungen, die sie in ihrer Zeit im Verlies gehört hatte, sie hatte ja immer wieder berichtet, dass in ihrer Gefangenschaft das Radio der einzige Kontakt zur Außenwelt gewesen war, den ihr Entführer Wolfgang Priklopil erlaubt hatte. Es fühlte sich für mich beklemmend an, von ihr zu erfahren, dass im Verlies auch meine Sendung eine große Rolle gespielt hatte. Ich war natürlich froh, dass auch Ö3 und auch das »Frühstück bei mir« sie damals hatten stärken können, doch das Bild dazu tat weh. Oft male ich mir, wenn ich am Sonntagvormittag im Ö3-Studio stehe, die Hörsituationen des Publikums aus, viele sind tatsächlich beim Frühstücken, viele beim Bügeln, Kochen, Joggen oder im Auto. Sich ein Mädchen in einem Kellerverlies vorzustellen – dafür hatte meine Fantasie vor Kampuschs Selbstbefreiung und der Veröffentlichung ihrer Geschichte nicht ausgereicht.

So saß ich also mit der Dreißigjährigen, die schon mit 18 in den Interviews nach ihrer Befreiung extrem reflektiert, fast altklug gewirkt hatte, wenige Tage nach unserem persönlichen Kennenlernen in einem der Ö3-Sitzungszimmer, wir hatten dort zum Frühstück gedeckt. Als Musikwunsch deponierte Natascha Kampusch gleich »Happy Birthday« von Stevie Wonder, sie liebte es, ihren Geburtstag groß zu feiern, seit ihrer Flucht war es wieder möglich. Wie war denn das gefühlte Alter einer jungen Frau, die 3098 Tage, also annähernd achteinhalb Jahre, in Gefangenschaft gewesen war? *Manchmal komme ich mir unendlich alt vor, aber nicht erschöpft oder zynisch alt, sondern als wäre ich schon ein paar tau-*

*send Jahre alt, und manchmal fühle ich mich wie ein kleines, lustiges, verschmitztes Kind,* definierte sie. Und als ich wissen wollte, in welchen Momenten ihr das Fehlen dieser acht Jahre Jugend, die sie in Gefangenschaft zugebracht hatte, am meisten auffalle, sagte sie: *Ich merke das zumeist, wenn Leute auf Menschen aus ihrer Gymnasiumszeit zurückgreifen können, mit denen sie etwas unternehmen können, dann merke ich, wie mir das einen kleinen Stich verpasst.*

Kampusch sprach in dem akkuraten Hochdeutsch, das sie sich im Verlies mit Hörbüchern angeeignet hatte, sie hatte ja immer schon davon geträumt Schauspielerin zu werden und bestand darauf, dass wir uns siezten: *Das ist für mich ein Zeichen von Respekt.* Einmal musste ich aufstehen und zur Tür gehen, um das Gebläse der Heizung niedriger zu schalten. Die Pause nutzte sie, um vor dem Mikrofon Radiomoderatorin zu spielen, sprach selbstvergessen Begrüßungen wie *Guten Morgen am Sonntag, Sie hören »Frühstück bei mir« mit Natascha Kampusch und Claudia Stöckl* in das Mikro auf dem Tisch, als würde sie jetzt gerade live auf Sendung sein. Es rührte mich, die Träume dieser Frau so deutlich zu spüren, die durch ihre grausame Geschichte zu einem der bekanntesten Menschen Österreichs geworden war, aber gleichzeitig durch ihren offenen und medial präsenten Umgang damit auch so stark polarisierte. Mit ihren 30 Jahren zeigte sie besondere Reife, und was ihr half, ihr Schicksal und die besonderen Gesetze ihres Älterwerdens zu akzeptieren, war etwas Großes, nämlich die Kunst der Vergebung. Eine Haltung, die ich bewundere, was ich sehr gerne hier betone. Kampusch erzählt auf Ö3:

*Ich habe sehr früh und noch während der Gefangenschaft beschlossen, dem Täter zu vergeben. Das fällt einem schwer, und man muss Vergebung ja nicht so sehen, dass man wieder okay ist mit der Situation. Vergebung ist etwas viel Tiefergreifendes. Vergebung ist, dass* man den Zustand der anderen sehen kann. Das hat schon etwas Buddhistisches, dass man im Fluss ist und die Dinge als das, was sie sind, akzeptiert. Vergebung hilft sehr dabei, in Frieden älter zu werden.

*Sind Sie auch versöhnt mit den Menschen, die Ihnen Böses nachsagen? Die von Details Ihrer Geschichte irritiert sind, auch von Ihrem öffentlichkeitswirksamen Umgang damit?*

Kampusch: *Ja, man lernt, die Probleme der Leute zu sehen und Mitgefühl zu entwickeln und ihnen auch ein Stück weit zu verzeihen, weil sie wissen es nicht besser. Ich bin daraufgekommen, dass all die Menschen, die so eine Stärke vorschützen, um nicht verletzbar zu sein, sich im Grunde einen weiteren Entwicklungsschritt verwehren.*

André Heller, den ich fast gleichzeitig mit der um 41 Jahre jüngeren Kampusch an den Frühstückstisch gebeten hatte, äußerte genau zu diesem Punkt auch Wesentliches. Ganz bestimmend für ein »good aging« sei unsere Haltung. Der Lebenskluge sagte bei mir: *Ich hasse nicht, und ich bin nicht verbittert, ich bin nicht neidisch, und ich bin nicht ungerecht, das sind ganz große Probleme, wenn man älter wird.*

Bei unserer letzten Begegnung in seiner neuen Wohnung am Franziskanerplatz saß der damals 69-Jährige schlank und wach wie immer am Tisch und runzelte die Stirn, als ich Udo Jürgens' Ausruf über das Älterwerden zitierte, der dem Deix'schen Hadern gleichkam: Älterwerden ist ein Massaker, hatte Jürgens bei mir gesagt. Sah Heller das genauso?

Heller: *Massaker ... halte ich für eine ganz falsche Definition. Nein, also ich find, gutes Älterwerden bedarf einer gewissen Form, und dafür ist man selber verantwortlich. Wenn ich mich zu Tode fress, zu Tode sauf, zu Tode tschick, dann wird Älterwerden eine sehr unangenehme Erfahrung. Die Leut' tun so, wie wenn der Umstand, dass sie keine Luft mehr kriegen oder dass sie nicht mehr selber gehen können, ein Schicksalsschlag wäre – das ist ja alles erarbeitet. Und wenn man jung ist, denkt man sich, das wird nie kommen, und dann kommt's halt, und Krankheiten, die oft Selbstschädigungen sind, machen sich bemerkbar. Ich bin halbwegs in einer Form.*

Viel in der Natur sein, viel spazieren gehen, so versuche Heller der Eigenverantwortung für seinen Körper und seine Gesundheit gerecht zu werden, erzählte er: *Wo immer ich bin, bin ich stundenlang zu Fuß unterwegs).* Kein Alkohol, das hat er sich auch auferlegt (*Weil viele meiner kostbarsten Freunde haben sich ja z'Tod gsoffn, der Oskar Werner, Helmut Qualtinger.* Und keine Zigaretten, das hat er sich schon in jungen Jahren zum Gebot gemacht – obwohl er in seiner Jugend so viele Nächte in den verrauchten Künstlercafés verbracht hat: *Ich habe sehr früh aufgehört zu rauchen, weil ich einmal ein Foto gesehen habe von so einer Lunge, die ein Teerklumpen war. Das hat gereicht, um mir bewusst zu werden, was ich meinem Körper mit dem Nikotin antue.*

Die richtige Lebensführung hilft, den Alterungsprozess aufzuhalten, das ist nicht neu, aber immer interessant, und was das genau sein soll, dem habe ich in »Frühstück bei mir« immer nachgespürt. Natürlich ist die Sehnsucht nach einem jungen, fitten Äußeren da, natürlich wollen wir dafür Rezepte. Otto Jaus glaubt an Pilates, Barbara Becker sprach über Yoga, Starköchin Sarah Wiener erklärte, dass sie alles zu Fuß gehe, *bis zu zehn Kilometer am Tag*, und dass ihre Vorliebe für das Selberkochen und ihre Abneigung gegen Chips und zuckerhaltige Limonaden sicher einen Anteil daran hätten, dass sie noch immer fit und schlank sei. Doch das Jammern über die üblichen zwei Kilo zu viel und die paar Krähenfüße um die Augen halte sie nicht mehr aus, erklärte Wiener, erfrischend ehrlich: *Söhnen wir uns doch damit aus. Ich kenn nicht den perfekten Körper. Oder, anders gesagt, ich kenne nur perfekte Körper.*

In dieselbe Kerbe schlug Iris Berben, die zum Erscheinen ihres Buches »Älter werde ich später« in »Frühstück bei mir« zu Gast war – damals war sie 51. Sie erklärte zuerst, dass sie seit drei Jahrzehnten strikt nicht in die Sonne geht als Grundlage für ihre schöne Haut, und ermutigte auch dazu, das Selbstbewusstsein doch noch an etwas anderem festzumachen als an einem glatten Gesicht: *Man muss an den Punkt kommen, einfach kein anderer sein zu wollen, man selber sein zu wollen. Das, was einem Kraft gibt, ist, einen Weg zu sich selber zu finden. Nicht, dass man dann aufhört zu lernen oder angekommen ist, das mein ich nicht, aber dass man sagt: Hier, dies ist das Material, das ich habe. Ich muss damit umgehen, auch was das Älterwerden betrifft.*

Und noch eine prominente Frau möchte ich hier anführen, natürlich unterliegen die Frauen vor der Kamera besonderem Schönheitsdruck – doch alle haben ihren Weg gefunden, die Anforderungen zu relativieren und sich mit dem Älterwerden zu versöhnen. Nadja Bernhard, die so souverän am Schirm war, erstaunte bei mir zwar mit dem Bekenntnis: *Ich bin kein selbstsicherer Mensch, werde ganz schnell unsicher. Das ist ein großes Thema, das ich bearbeiten muss.* Doch das hatte nichts mit dem Äußeren zu tun, mehr mit ihrem Perfektionismus und den Anforderungen an sich selbst. Im Oktober 2017, anlässlich der Sondersendung zur Nationalratswahl, die sie moderierte, war ich in ihre Wohnung in einem Biedermeierhaus in der Wiener Innenstadt gekommen, der Tisch war wunderbar gedeckt mit Avocados und selbst gemachter Marmelade, ihr Hund lag zu unseren Füßen, und die damals 42-Jährige verriet ihren Weg, das Älterwerden zu akzeptieren: *Es ist eine große Lüge, wenn ich sagen würde, alles ist wunderbar und es macht mir gar nichts aus. Einerseits würde ich die Uhr nicht zurückdrehen wollen, ich bin viel gelassener. Andererseits sieht man am Schirm jede Pore, HD ist einfach unfair, man muss es wie alles im Leben mit Ironie nehmen, und das ist wahrscheinlich die beste Überlebensstrategie. Altern ist nichts für Feiglinge.*

Bei welchen Gedanken können wir noch Anleihen nehmen, wer hat uns das Kunststück des »good aging« in »Frühstück bei mir« noch treffend erklärt? Falls Sie den unsentimentalen Zugang bevorzugen, sind Sie bei »Niki Nazionale« natürlich bestens aufgehoben. Im Juli 2017 war er zum neunten Mal in »Frühstück bei mir« zu Gast, ich hatte ihn anlässlich des Formel-1-Grand-Prix in Spielberg im Mercedes Motorhome aufgesucht. Wenige Tage zuvor hatte die Tageszeitung »Heute« ein Paparazzo-Foto von Lauda auf Ibiza in der Badehose veröffentlicht, sein Bauch wölbte sich beeindruckend vor, die Headline über dem Foto lautete »Achtung, Spoiler«. Lauda konnte das nicht ärgern, und er analysierte, nüchtern wie immer, bei mir:

*Es ist logisch, dass du, wenn du älter bist, anders aussiehst als früher. Mich stört das nicht, auch wenn jetzt in der Zeitung steht: »Der Lauda mit dem dicken Bauch«. Weil das eben so ist. Dazu muss man stehen, und die Größe muss man haben können. Jeder wird älter, jetzt fangen sie alle an zu operieren. Dabei ist das doch eine ganz normale Entwicklung. Es schauen ältere Frauen toll aus, die haben ihre Gesichter, das ist doch faszinierend. Aber das fangt schon beim Busen an, was da für Apparate herauskommen, wo du aus zehn Kilometer siehst, dass der operiert ist. Da habe ich schon wieder genug. Jeder verstellt sich, will zehn Jahre jünger aussehen, ich verstehe diese Welt nicht. Warum akzeptiert man nicht, dass man älter wird?*

Wer diesem Pragmatismus nicht folgen kann, wer in Sinnstiftung kein Rezept und in Vergebung keinen Trost findet, um sich mit dem Älterwerden auszusöhnen, kann einer Methode folgen, die Andreas Salcher in seinem Buch »Meine letzte Stunde« so anschaulich gemacht hat: Dort war ein Maßband beigelegt, 100 Zentimeter lang, der Leser war aufgefordert, dort abzureißen, wo er seine Lebenserwartung sah. Meist sind es 80, 85 Zentimeter, die zuerst bleiben. Auf der anderen Seite reißt man die Zahl der gelebten Jahre ab. Und dann, mit dem bisschen Maßband in der Hand, das die Jahre, die man vielleicht noch hat, symbolisiert, ist das Älterwerden plötzlich Gnade und Geschenk. Andreas Vitásek sagte es in »Frühstück bei mir« noch poetischer: *Ich weiß, wie viele Sommer ich noch habe, das kann ich mir ungefähr ausrechnen. Und dementsprechend behutsam gehe ich mit diesen Sommern um.*

**ERIKA PLUHAR:** »Ich will mich nicht ablenken, sondern hinlenken.« **URSULA KARVEN:** »Ich kann mein Schicksal nicht beeinflussen. Ich kann nur beeinflussen, ob ich noch einmal lachen will auf dem Planeten. Ob ich versuchen will, noch einmal glücklich zu werden, oder ob ich mich für die andere Variante entscheide.« **HERBERT GRÖNEMEYER:** »Ich glaube, dass man den anderen auch wiedersieht, dass er vorausgegangen ist und sagt: Du bleibst da noch gefälligst. Ich mach alles mal schön, und du kannst ja irgendwann einmal kommen. Dann sehen wir weiter.« **ADELE NEUHAUSER:** »Man muss nur wach sein, es gibt noch andere Welten, man muss sie zulassen. Dann spürst du die Verstorbenen, und sie geben dir eine unglaublich positive Energie.« **ULLI EHRLICH:** »Es hilft zu wissen, da ist nichts Versäumtes, da muss man nichts bedauern, da war ein wirklich erfülltes Leben, auch wenn es kurz war, viel zu kurz.« **MARIA KÖSTLINGER:** »Ich glaube, dass die Trauer immer bleiben wird. Und, dass die Liebe immer bleiben wird. Auch dass das Glück wieder möglich ist.«

# Wie verkraftet man den letzten Abschied?

Ich spreche regelmäßig vor Publikum. Mindestens einmal die Woche, am Sonntag, aus dem Radiostudio zu mehreren hunderttausend Hörern. Auch auf Bühnen vor einem großen Auditorium zu stehen, bin ich gewohnt. Nicht immer bleibe ich ruhig, aber meistens doch. Aber diesmal war es ganz anders. Es war nicht leicht, in jenem Moment die richtigen Worte zu finden.

Wir standen in der Aufbahrungshalle am Stammersdorfer Zentralfriedhof. Mein Onkel Gerhard war gestorben, sehr plötzlich, im 70. Lebensjahr. Seine zeitweilige Niedergeschlagenheit und die Schwindelgefühle waren über Monate hinweg als Symptome einer Depression behandelt worden, erst als er Anfang Dezember 2016 ins Spital musste, fanden die Ärzte die Metastasen im Gehirn. Dann ging alles ganz schnell, viel zu schnell, um es zu begreifen – die zaghaft zuversichtliche Rechnung, mit OP und Bestrahlung trotz Krebsdiagnose doch noch einen Bonus auf dem Lebenszeit-Konto zu bekommen, wurde plötzlich zunichtegemacht: Samstagnachmittag versprach er seiner Frau noch auf dem Krankenbett, *wieder mehr Kulturelles zu machen* – und beide waren voll Freude im Gedanken an zukünftige Theater- und Konzertbesuche. Wenige Stunden später kam Gerhard auf die Intensivstation, fiel ins Koma, am Sonntag kurz nach Mittag war er tot. Eine Gehirnblutung war, wie man später feststellte, unerwartet aufgetreten. Seine Tochter Anita, die am Kopfende des Bettes stand, berichtete von einer gewaltigen energetischen Welle, die durch ihren Körper ging, als ihr Vater seinen letzten Atemzug machte – als würde er, durch sie hindurch, diese Welt verlassen. Zurück blieb tiefe Trauer. Das bittere Gefühl, eines Abschieds beraubt worden zu sein, hatte die Prognose der Ärzte doch noch einige Wochen, vielleicht sogar Monate des Weiterlebens für Gerhard versprochen. Und wie immer, wenn uns der Tod mitten im Leben begegnet, waren da nur die Leere, die Ratlosigkeit, der grelle Schmerz des »Nie mehr wieder«. Nie mehr wiedersehen, nie mehr wieder umarmen, nie mehr wieder miteinander lachen. Die meisten von uns torkeln zunächst durch das Leben. Es geht uns allen gleich.

Trauerarbeit hat viele Phasen – laut der Schweizer Psychologin Verena Kast sind es vier: der anfängliche Schockzustand und das Nicht-wahrhaben-Wollen des Verlustes, dann, zweitens, das Aufbrechen der Gefühle wie Wut, Traurigkeit und Angst, schließlich, als dritte Phase, der innere Kontakt mit dem Verstorbenen, das Verweilen in Erinnerungswelten und dann, viertens, ein langsames Wieder-Hinwenden zum eigenen Leben – bis ein neuer Selbst- und Weltbezug gelingt. Die Lücke, die der Tod geschlagen hat, wird dann Teil des neuen Ichs – das dem Leben wieder standhalten kann. Es ist ein langer Weg – an dessen Anfang für mich eine würdige Verabschiedung steht. Und so sollte auch die für Gerhard sein.

Ich stand also in der Aufbahrungshalle des Stammersdorfer Zentralfriedhofs und hielt meine erste Trauerrede. Auf die stillen Heldentaten meines Onkels hinzuweisen war für mich wichtig, wenigstens jetzt, da er, der Bescheidene, sie doch zeitlebens verlegen vom Tisch gewischt hatte. Von seinem Engagement als Feuerwehrmann erzählte ich, von seiner Liebe als Ehemann, Bruder, Vater und vor allem auch als Sohn – der seine Mutter nach mehreren Schlaganfällen unglaubliche zehn Jahre lang zu Hause gepflegt hatte. Auch wenn es ihn und auch seine Familie, die genauso liebevoll und beherzt mithalf, oft an die Grenze ihrer Belastbarkeit brachte. Schnell von dieser Welt zu gehen, ja kein Pflegefall zu werden – dieser Wunsch ist damals in ihm gereift, wenigstens ein Trost angesichts seines plötzlichen Todes. Auch das sagte ich in meiner Trauerrede, in dieser unwirklichen Situation, vor einem Sarg stehend, vor den vielen Kränzen und dem großen Foto des Verstorbenen. Doch es hatte auch etwas Schönes, diese prägende Figur meiner Kindheit durch typische Geschichten wieder zum Leben zu erwecken, an seinen Humor zu erinnern und an die Weihnachtsfeste für unsere Großfamilie mit seinem berühmten Schweinsbraten. *So eine Familie hat nicht jeder,* hat er immer stolz gesagt. *So einen Onkel hat nicht jeder,* schloss ich meine Rede und dachte in dem Moment, dass es schön gewesen wäre, das zu Lebzeiten öfter auszudrücken.

Der wunderbare Abschiedsbrief von Gabriel García Márquez fiel mir ein, in dem der damals schon schwer krebskranke Schriftsteller daran erinnerte, dass wir nicht auf das Morgen zählen können. Vielleicht ist heute alles, was uns bleibt? *Wenn ich wüsste, dass heute das letzte Mal wäre, dich schlafend zu sehen, würde ich dich mit all meiner Kraft umarmen und Gott bitten, mich zum Schutzengel deiner Seele zu machen. Wenn ich wüsste, dass dies die letzten Minuten sind, in denen ich dich sehe, würde ich sagen: »Ich liebe dich«, und es wäre für mich nicht selbstverständlich zu denken, dass du es schon weißt. Heute kann es das letzte Mal sein, deine Lieben zu sehen,* hat der Literaturnobelpreisträger in seiner letzten Botschaft an die Welt geschrieben. *Deshalb warte nicht, mach es jetzt, bevor es kein Morgen mehr gibt. Ich bin sicher, du wirst es bedauern, lächeln, umarmen und küssen versäumt zu haben und stattdessen zu beschäftigt gewesen zu sein, ihnen ihren letzten Wunsch zu erfüllen.*

Doch jetzt einmal ungeachtet, ob es Versäumnisse gab oder nicht: Trauer zu bewältigen ist ein langer Weg. Und jeder geht ihn anders, viele Antworten hat mir das Leben hier durch meine »Frühstücks«-Gäste gegeben.

*Ich will mich nicht ablenken, sondern hinlenken,* sagte Schauspielerin Erika Pluhar da zum Beispiel bei mir, ein Jahr nach dem Tod ihrer Tochter Anna, das Hinlenken hätte ihr beim Akzeptieren des Verlustes geholfen. Auch Ursula Karven, deren Sohn Daniel im Alter von vier in einem Swimmingpool ertrunken war, lenkte sich hin, doch verbot sie sich dabei auch einige Fragen –

was sie allen Trauernden rät: *Das ist die Regel Nummer eins: Sich nicht die W-Fragen stellen. Warum, wieso ich, wieso musste er gehen? Die geben außer Schmerz gar nichts. Nichts. Da ist nur Leere. Da ist keine Antwort. Ich kann mein Schicksal nicht beeinflussen. Ich kann nur beeinflussen, ob ich noch einmal lachen will auf dem Planeten. Ob ich versuchen will, noch einmal glücklich zu werden, oder ob ich mich für die andere Variante entscheide. Das sind die essenziellen Fragen.* Und auch Herbert Grönemeyer schenkte mir wichtige Sätze für ein Leben nach dem Verlust, die er nach dem Krebstod seiner Frau in »Frühstück bei mir« aussprach: *Die Erinnerung muss vorhanden bleiben, und sie muss auch den Kindern erhalten bleiben. Wir reden viel über sie, ich will ja keinen Schlussstrich ziehen. Sie ist der wichtigste Mensch in meinem Leben gewesen und ist es. So gehe ich damit um.* Der große deutsche Popstar sprach auch seine große Hoffnung aus: *Ich glaube schon, dass man den anderen auch wiedersieht und dass er einen auch letztendlich abholt und dann auch vorausgegangen ist und sagt: »Du bleibst da noch gefälligst. Ich mach schon alles mal schön, und du kannst ja irgendwann einmal kommen. Dann sehen wir mal weiter.«*

Das sagte Herbert Grönemeyer ein Jahr nach dem Tod seiner Frau zu mir, es war im Jahr 1999, als wir uns in Wien trafen. Es war damals das erste Interview in Österreich, das er nach diesem schweren Verlust gegeben hat. Ich hatte ihm auf Anraten seines Managers einen Brief geschrieben und um das Gespräch gebeten, offensichtlich im richtigen Moment, als der begnadete Liedermacher wieder bereit war, sich der Welt und »dem Leben da draußen« zu stellen. Er blickte bei jenem Gespräch meistens an mir vorbei, gegen die Wand, als würde er zu einer dritten Person sprechen, als wäre seine Frau mit uns im Raum. Lange Zeit nannte ich dieses Interview das für mich eindringlichste über all die Jahre, es hatte besondere Magie, dieser Seiltanz zwischen hier und dort.

Wenn jemand über die Begegnung mit dem Tod spricht, ist es fast immer der Moment, in dem er brüchig wird. Das sind die Augenblicke, in denen ich die richtige Frage – und ob überhaupt noch eine kommen darf – ertaste, Tränen sind oft da und immer erlaubt. Ich möchte drei dieser Begegnungen herausheben. Und die Strategien der Bewältigung, die Quellen des Trostes herausfiltern. Wir können sie alle brauchen.

Es war ein sonniger Septembertag im Jahr 2017, als ich wieder vor dem Haus in Wien-Josefstadt stand, in dem »Tatort«-Star Adele Neuhauser wohnt. Das »wieder« klingt fast irreführend, acht Jahre waren seit unserer letzten »Frühstücks«-Begegnung vergangen, trotz vieler Anfragen meinerseits gestaltete es sich schwierig, die vielbeschäftigte Schauspielerin vor das Mikrofon zu locken. Jetzt aber, anlässlich des Erscheinens ihrer Autobiografie »Ich war mein größter Feind« war ihr Verlag auf mich zugekommen – bereits im Frühjahr hatten wir den Termin für den Herbst ausgemacht, für Buchverkäufe ist meine Sendung ja immer ein Turbo. Da war ich also wieder, so vieles sah unverändert aus in Adeles Dreizimmerwohnung, noch immer der kleine Esstisch in der Küche, noch immer viele Bilder an den Wänden, noch immer die wärmende Herzlichkeit von ihrer Seite. Anders waren unsere Themen – innerhalb eines Jahres waren ihr Vater, ihre Mutter und ihr Bruder gestorben, mein eigener Vater lag auch gerade nach einer Operation auf der Intensivstation. Immer wieder hatte die heute 59-jährige Schauspielerin Tränen in den Augen – und ich auch, bei diesen Gedanken an den möglichen Verlust. *Jede Träne, die wir geweint haben, sind wir los,* sagte einmal Rüdiger Dahlke bei mir, ich empfinde es genauso, und auch Adele glaubte an das Befreiende des Weinens:

*Ich hab viel geweint, und ich schäme mich nicht für meine Tränen. Ich hab auch manchmal während der Dreharbeiten meinen Tränen freien Lauf gelassen. Natürlich werd ich noch lange traurig sein, und mein Vater, meine Mutter und mein Bruder werden mir bis an mein Lebensende fehlen. Aber irgendwie hab ich auch das Gefühl, dass sie mich umgeben und dass sie mich beschützen, dass sie mich leiten, dass sie mir meine Gedanken auch erhellen, weil sie so tolle Menschen waren. Das übernehme ich jetzt so, weil sie nicht mehr leben können, aber ich meine, ich bin jetzt noch da, und jetzt erlebe ich diese Lebensfreude, ich lebe für sie mit.*

Ein besonders tröstlicher Gedanke: Die Präsenz der Verstorbenen zu spüren, sie als Schutzengel zu sehen, als Beistand und Licht für dunkle Gedanken. Und auch für sie weiterzumachen, und mehr noch, das Leben intensiv zu leben, sich daran zu freuen. Denn alle, die gegangen sind, wollen die, die bleiben, auch fröhlich sehen. Und Adele scheute sich nicht – wie bei unserer letzten Begegnung –, auch über eine jenseitige Welt zu sprechen, die oft in die diesseitige hineinreicht.

*Wir haben das letzte Mal auch über den Kontakt von Feenwesen gesprochen und dass du mit deinen verstorbenen Großeltern kommuniziert hast. Wie ist das jetzt? Du sagt, du spürst, dass deine Eltern, dein Bruder dich umgeben, kannst du einen Kanal zu ihnen finden?*

Neuhauser: *Ich bin ein sehr fantasievoller Mensch, ich kann mir schon auch vieles einbilden. Aber es gab Zeichen, ganz eigenartige Zeichen. Zum Beispiel, am Tag bevor ich nach Griechenland gereist bin, um die Asche meines Vaters auszustreuen, fiel ein Bild von der Wand, auf dem er skizziert ist. Das fiel plötzlich hinunter.*

Die Schauspielerin deutete auf die Wand rechts von sich. Dort war das Bild, die Skizze eines älteren Herrn, auf dem Boden liegend.

*Wie hast du das interpretiert?*

Neuhauser: *Dass mein Vater an mich denkt, dass er mich begleitet auf dieser Reise. Ich war ja gerade auf dem Weg zu dem Platz, den er sich zum Ausstreuen seiner Asche gewünscht hat. Den hat er mir sogar auf einem Foto mit Computerschrift markiert: »Hier, Adele, bitte meine Asche ausstreuen.« Ein bestimmter Felsen unter einem Kloster in der Ägäis. Da wollte er hin, und da ist er auch hingekommen. Und auch am Tag vor meiner Abreise von der Insel bin ich aufgestanden, und die ganze Insel war plötzlich unter dichtestem Nebel, so etwas hab ich noch nie erlebt. So dichter Nebel, man konnte kaum einen Meter weit sehen, und dann plötzlich, mit einem Mal, löste sich der Nebel und hob sich über den Berg und zog ganz genau, genau wie die Asche meines Vaters gezogen ist, zu diesem Felsen, an dem er ausgestreut werden wollte. Das war auch ein Zeichen für mich. Man muss nur wach sein, es gibt noch andere Welten, man muss sie zulassen. Dann spürst du die Verstorbenen, und sie geben dir eine unglaublich positive Energie.*

Ich erinnerte an Sterbeforscher Bernard Jakoby, der 2008 in meiner Sendung zu Gast war. Er hatte mit hunderten Menschen gesprochen, die Nahtoderfahrungen gemacht hatten, und aus ihren Aussagen Details zum Sterbeprozess und dem jenseitigen Leben abgeleitet. Auch er sprach immer davon, dass Bewusstsein und Seele weiter existieren, sogar dass Verstorbene sich zum Beispiel mit Bildern oder Gegenständen, die herunterfallen, mit Kerzen, die plötzlich erlöschen, bemerkbar machen. Mein prominentes Gegenüber, im TV sonst auf der Suche nach dem Täter, hatte hier schon seine Wahrheit gefunden.

Neuhauser: *Das ist so! Ich hab meine Mutter gesehen, nach ihrem Tod. Sie stand im Badezimmer. Ich war in einem Hotel in Traunkir-*

*chen, da haben wir »Vier Frauen und ein Todesfall« gedreht, und das Badezimmer war mit einer Glasscheibe vom Schlafzimmer getrennt, ich lag im Bett, und plötzlich stand meine Mutter im Badezimmer. Im ersten Moment hab ich gedacht: Spinn ich jetzt? Das bilde ich mir jetzt total ein. Aber nein, sie hat etwas aufgehängt, und dann war sie plötzlich nicht mehr da. Und auch mein verstorbener Bruder ist mir in Traunkirchen begegnet. Mag sein, dass ich mir das einbilde, aber das ist wurscht, es hat mir gutgetan. Jeden Morgen habe ich auf der Terrasse eine Zigarette geraucht, und immer, wenn ich da draußen war, kam eine Möwe. Ich hatte das Gefühl, das ist immer ein und dieselbe Möwe, und diese Möwe ist mein Bruder. Sie kam auf mich zu, flog über mir Kreise – und dann wieder weg. Und das jeden Tag. Irgendwie hat mich mein Bruder in Gestalt dieser Möwe in den Tag begleitet. So hab ich mich auch aufgeladen mit der Gewissheit, dass es noch diese andere Welt gibt und dass sie noch da sind.*

Adele hing in ihren Gedanken, bezeichnete den Tod als *warmen und heilsamen Moment,* daran glaubte sie fest, und dass sich eben für jene, die zurückbleiben, *oft das tiefe Loch auftut, weil so viele hinterlassen so eine große Lücke.* Dann wünschte sie sich das Lied »Die Zeit heilt alle Wunder« von Wir sind Helden und gab den Trauernden noch Wichtiges mit auf den Weg: *Die Zeit heilt vieles und relativiert vieles, deshalb ist es auch so heilsam, wenn man Zeit vergehen lässt. Und man kann der Zeit auf die Sprünge helfen und ein bisschen nachhelfen, wenn man loslässt.*

Loslassen. Ein oft verwendeter Begriff in der Trauerarbeit. So leicht gesagt, so schwer getan. Auch wenn Ursula Karven meinte, dass »W-Fragen« nicht helfen – einen tieferen Sinn in dem »Warum« zu sehen kann helfen, den Schmerz zu bewältigen. Besonders einprägsam war da das Gespräch mit Ulli Ehrlich, der Chefin des Tiroler Modeunternehmens Sportalm, noch dazu war es der Sonntag nach meinem Frühstück mit Adele Neuhauser, was für eine wunderbare Abfolge von großartigen Frauen. Ich hatte sie gebeten, mir in einer E-Mail die wichtigsten Punkte zu ihrem Leben zusammenzuschreiben. *Alles im Leben ist Bestimmung,* stand da gleich ganz oben, für mich überraschend, dass eine Business-Frau diesem Leitsatz folgt. Im Gespräch in ihrem Haus in Kitzbühel erklärte sie dazu noch mehr: *Ich bin sogar überzeugt, dass sich die Kinder ihre Eltern aussuchen. Weil man eben mit einer bestimmten Aufgabe auf die Welt kommt, und die kann man nur lösen, wenn man unter gewissen Umständen aufwächst. In meinem Fall ist das natürlich ein sehr, sehr schönes Privileg, dass ich in diese Familie hineingeboren bin und dass meine Eltern mir das ermöglicht haben, dieses Unternehmen jetzt weiterführen zu können, trotzdem ...* Und die Fünfzigjährige erzählte von einem ganz prägenden Erlebnis, einem Autounfall vor 29 Jahren: Ein Hase lief über die Autobahn, es war Nacht, sie verriss und *landete in einem Baum.* Haarscharf schrammte sie am Tod vorbei – Wochen im Krankenhaus folgten.

Ehrlich: *Ich habe überlegt: Warum ist mir dieser Unfall passiert? Und ich hab dann angefangen zu lesen, als Einstiegsliteratur Rüdiger Dahlkes »Krankheit als Weg«, und dort wird die Bedeutung eines Autounfalls so beschrieben, dass man aus der Spur ist, man wird aus der Bahn geworfen, weil irgendwas im Leben halt nicht so läuft, wie es laufen soll. Dann habe ich eine Astrologin gefunden, von der ich ganz viel gelernt hab, unter anderem eben auch, dass man eine Aufgabe im Leben hat, und die gilt es zu erfüllen.*

Mit Überzeugung sprach die Sportalm-Chefin ihre Erkenntnisse aus, auch mutig, denn viele Hörer schoben sie jetzt wohl in die Schublade der Esoterik, die ja oft abfällig betrachtet wird. Die eigene Lebensaufgabe beschrieb Ehrlich damit, *eine Autorität zu werden, und zwar indem ich für andere Menschen Verantwortung übernehme. Und das kann ich, indem ich das Unternehmen weiterführe.*

Dieser schwere Unfall und auch die intensive Beschäftigung mit den größeren Zusammenhängen des Lebens wirkten im Nachhinein wie eine Vorbereitung auf den härtesten Schicksalsschlag in ihrem Leben. Ihr erster Mann, Vater ihrer vier Söhne, damals Verkaufsleiter bei Sportalm, war 2008 tödlich verunglückt – ebenfalls ein Autounfall, auf dem Weg zu einem Kunden. Er war aus seiner Spur ausgeschert – warum, das konnte man sich im Nachhinein nicht erklären, um zu überholen oder vielleicht abgelenkt durch ein Telefonat. Ein entgegenkommender Lkw erfasste ihn, er war sofort tot. Konnte sie damals auch darin eine Bestimmung entdecken? *Ja*, sagte Ulli Ehrlich, *was einen nicht davor bewahrt, dass es wehtut, also dieser Schmerz und diese Ohnmacht sind grenzenlos.* Und auch hier gab es Zeichen – anders als bei Adele Neuhauser vor dem Abschied, nicht danach. Ulli Ehrlich erinnerte sich:

*Mein Mann hat sich zu Mittag noch verabschiedet mit den Worten: »Pass gut auf die Kinder auf.« Das hat er nie gesagt. Er ist so oft beruflich weggefahren, und das hat er nie gesagt. An dem Tag schon. In dem Moment hab ich mir auch nichts gedacht dabei. Aber später haben dann einige Aussagen Sinn ergeben, die er in den Tagen und Wochen vorher gemacht hat.*

*Glaubst du, hat er eine Ahnung gehabt oder ... wie kann man das deuten?*

Ehrlich: *Ja, sicher, unbewusst. Ich bin auch ganz fix überzeugt davon, dass man eine gewisse Zeit zu leben hat, und dann weiß man einfach, wann es dem Ende zugeht. Er hat das durch völlig unbe-*

*wusst ausgesandte Botschaften übermittelt, die eben erst nachher Sinn ergeben haben.*

Die Erinnerung war schmerzvoll, auch Ulli stiegen die Tränen in die Augen. Obwohl ihr Leben bereits so viele neue, freudvolle Aspekte hatte – sie war wieder verheiratet, ihr zweiter Mann 17 Jahre jünger als sie, auch diesen Schritt war sie mutig gegangen, gemeinsam hatten sie eine kleine Tochter. Doch selbst die Erinnerung an die Trauer von damals hatte offensichtlich große Wucht. Bis zum Begräbnis verkroch sie sich im Bett, unfähig, irgendetwas zu tun, danach *hab ich mich wieder aufgerappelt, und dann hilft's natürlich sehr, wenn man Familie hat, wenn man Kinder hat, auch wenn man eine Arbeit hat, also wenn man eine Firma hat, weil man muss einfach funktionieren. Es geht weiter.*

Man muss wieder ins Leben finden, das hat auch Ursula Karven bei mir gesagt, nach dem Verlust ihres vierjährigen Sohnes, sie hat gesagt, man muss sich disziplinieren, auch wenn es nur eine halbe Stunde spazieren gehen ist jeden Tag, einfach sagen, man will wieder am Leben teilnehmen. *Hast du das auch so erlebt? Hilft die Disziplin?*

Ehrlich: *Natürlich, und irgendwann muss man wieder die Verantwortung übernehmen und muss man einfach wieder ins Leben finden und die ganz normalen banalen Dinge machen, und über dieses Machen kommt man wieder in Bewegung. So kann man das auch verarbeiten.*

Und noch etwas half besonders: den Trost in der Fülle des gelebten Lebens zu finden.

Ehrlich: *Am meisten half mir die Gewissheit, dass er sein Leben gelebt hat. Meine Schwester hat etwas Wunderbares gesagt am Tag der Beerdigung, nämlich: Er ist als glücklicher Mann gestorben! Der hat dich gehabt, er und ich waren ja seit Kindertagen befreundet, ich war die Liebe seines Lebens, wir haben vier grandiose Kinder miteinander. Er war auch beruflich erfolgreich, auch da hat er alles erreicht, was er sich erträumt hat, also mehr geht eigentlich nicht. Das hilft auch.* Dass man weiß, da ist nichts Versäumtes, da muss man nichts bedauern, da war ein wirklich erfülltes Leben, auch wenn es kurz war, viel zu kurz. Aber der Umgang damit ist auf jeden Fall ein schweres Stück Arbeit.

Abschließend noch der Besuch bei Schauspielerin Maria Köstlinger zum Start der zweiten Staffel »Vorstadtweiber« im Jänner 2016. Herzlich hieß mich die Schauspielerin willkommen in dem Haus am Fuße der Weinberge in Wien-Döbling, das sie auch mit ihrem Mann Karlheinz Hackl bezogen hatte, jetzt lebte sie mit der gemeinsamen Tochter Melanie darin. Das langsame Sterben ihres krebskranken Mannes hatte sie über elf Jahre tapfer begleitet, ich selbst hatte Hackl 2005 interviewt, also in der Phase, als er dachte, alles wäre gut überstanden – der Gehirntumor war operiert worden, *ein B-Zell-Lymphom, ein Toto-Zwölfer, sagt man in medizinischen Kreisen, den operiert man, und dann kommt er nicht wieder. Das heißt, er kann wiederkommen, aber an einer anderen Stelle,* räumte der Schauspieler zu dieser Zeit ein. Auch Georg Danzer fällt mir da ein, den ich, drei Monate vor seinem Tod, zum letzten Mal interviewt habe. Der Liedermacher schüttelte damals den Kopf und meinte: *Vor wenigen Monaten habe ich mir noch den Kopf zerbrochen, weil ich einen Bauch bekomme und abnehmen wollte. Das waren meine Probleme damals. Und jetzt geht es ums Überleben.* Beide haben den Kampf gegen den Krebs verloren, Georg Danzer am 21. Juni 2007, Karlheinz Hackl am 1. Juni 2014. Und so erinnerte sich Maria Köstlinger, wie der lange Abschied vonstattenging:

*Es gab auch sehr schwierige Momente. Eine schwierige Zeit, da hat der Karli angefangen, viel zu viel zu trinken. Aus mir natürlich total verständlichen Gründen, diese Angst war da, auch auf der Bühne musste er einen Teil seines Seins verabschieden, das war für ihn schwer zu ertragen, und dass er versuchte, all das im Alkohol zu vertilgen, konnte ich gut nachvollziehen. Es ist nur nicht aushaltbar. Damals habe ich ihm dann gesagt: »Wenn das so weitergeht, werde ich dich verlassen.« Dann hat der Karlheinz keinen Tropfen mehr getrunken.*

Auch der zu jener Zeit 43-Jährigen stiegen die Tränen in die Augen, als die Bilder von damals wieder auftauchten. *Vor allem die letzten zwei Jahre waren so grauenvoll, wenn man daran denkt, wie jemand auf furchtbarste Weise zugrunde ging, dann ist der Schmerz natürlich sehr schnell wieder da.*

*Siehst du ihn als kranken Menschen, wenn du dich erinnerst?*

Köstlinger: *Sowohl als auch. Wenn die Melanie und ich über ihn reden, dann hören wir seine Stimme, dann hören wir sein Lachen, dann sehen wir seine Bewegungen. Am Anfang war es für uns oft auch so, als würde man die Tür draußen hören, als würde er jetzt gleich von einer langen Reise zurückkehren. Und dann kommen eben auch die Bilder von dieser unendlichen schrecklichen Zeit, die er erleben musste. Es ist ein Dahinvegetieren, du kannst plötzlich nicht mehr reden, es ist ein jämmerliches Zugrundegehen gewesen.*

Eine Gesprächstherapie hat Köstlinger geholfen, die Trauer zu verarbeiten (*Es tut gut, zu sagen, was man fühlt – so können sich neue Wege öffnen*), und, wie bei so vielen, die Dankbarkeit über die gemeinsame Zeit, die ihnen geschenkt war. *Das war das Wichtigste für mich – zu sehen, was der Karli und ich Wunderbares gemeinsam erlebt haben.*

*Ich hab jetzt gerade ein Buch gelesen von dem französischen Neurologen David Servan-Schreiber, der ebenfalls an einem Gehirntumor gestorben ist, der die Gedanken vor seinem Tod niedergeschrieben hat. Das Buch heißt »Man sagt sich mehr als einmal Lebewohl«. Hast du dich auch öfter verabschiedet von deinem Mann?*

Köstlinger: *Wahrscheinlich ja. Aus verschiedensten Gründen waren es doch einige Male, das ist einfach ganz, ganz schwierig, wenn das Hirn sich anfängt zu zersetzen. Das war nicht einfach.*

*Und in sieben Jahren, mit 50, denkst du dir, wird die Trauer von deinem Herzen schon ganz gewichen sein?*

Köstlinger: *Ich glaube, dass die Trauer immer bleiben wird. Ich glaube, dass die Liebe immer bleiben wird. Dass man eben spürt, dass, auch wenn der Mensch nicht mehr da ist, die Liebe nicht vergeht, aber auch, sobald man intensiv an diesen Menschen oder an Situationen denkt, die Trauer wieder auftaucht, womöglich genau in einem ähnlichen Schmerz wieder. Das ist dann einfach da.*

*Aber Glück ist möglich?*

Köstlinger: *Auf jeden Fall.*

Diesen Gedanken heißt es nicht aus den Augen zu verlieren. Die Trauer wird bleiben, auf die eine oder andere Weise, doch Glück ist immer wieder möglich. In Dankbarkeit zurückblicken und alle, die vorausgegangen sind, im Herzen bewahren. Denn, frei nach Adele Neuhauser, sie sind ja immer da.

**MARKUS HENGSTSCHLÄGER:** »Wer glaubt, braucht keinen Beweis. Und sollte ihn auch nicht verlangen. Wenn meine Frau sagt, sie liebt mich, habe ich sie noch nie gefragt, warum.« **WOLFGANG GRANINGER:** »Wenn ich einen hoffnungslosen Fall habe, sage ich immer zu den Angehörigen, sie sollen nicht ewig warten und herumweinen. Sie sollen lieber in die Kirche gehen und dort beten, vielleicht nutzt es was. Manchmal hat man das Gefühl, es nutzt wirklich was.« **SAMUEL KOCH:** »Vielleicht hat Gott mich in diesen 60 Millisekunden des Unfalls verlassen. Aber ich glaube, auch da war er da. Weil ich überlebt habe.« **JÜRGEN FLIEGE:** »Gott findet man am besten bei einer Pilgerreise, mit nur einem Euro in der Tasche.« **PATER GEORG SPORSCHILL:** »Wenn ich schaue, wie viel ich zu danken habe, wie reich ich beschenkt bin, dann ist das der direkte Weg zu Gott.« **KARDINAL CHRISTOPH SCHÖNBORN:** »Manchmal ist das Gebet mühsam, weil es nicht abhebt, aber dann hebt es wieder richtig ab, und das sind ganz wunderbare Momente.«

# Wo finde ich Gott?

Das Leuchten in ihrem Gesicht bleibt mir unvergesslich. Marie Mauritz war gerade 22, als wir im November 2006 aufeinandertrafen. Sie war in mein Hotel in Kalkutta gekommen, zum ersten Mal besuchte ich damals die Heime des Hilfsprojekts »ZUKI – Zukunft für Kinder«, das mich fortan so intensiv beschäftigten sollte. Karl Hohenlohe, Opernball-Kommentator, »Gault-Millau«-Chef und seit Jahren ein lieber Bekannter, hatte mir Maries Nummer gegeben. Es handelte sich um seine Nichte, erklärte er mir, die eine Ausbildung als Krankenschwester gemacht und dann eine Zeit auf Ibiza gelebt hatte, eingetaucht ins Partyleben dieser Insel. Nach einem Abstecher nach Südamerika und auch dortigen wilden Zeiten hatte Marie beschlossen, etwas zu verändern, und war nach Kalkutta gereist. Das exzessive Leben von einst lag jetzt Lichtjahre entfernt. Sie arbeitete im Sterbehaus der Mutter Teresa.

Marie erzählte mir von ihrer neuen Aufgabe mit diesem Leuchten, das mir bestens bekannt war. An meinen »Frühstücks«-Tischen schimmert es immer wieder – wenn Menschen erfüllt sind von ihrem Tun, wenn sie es schildern und erklären, entsteht dieser besondere Glanz. Was Marie leuchten ließ, waren Taten, die für die meisten unvorstellbar wären: Die Ärmsten der Armen, die schwerkrank waren oder schon im Sterben lagen, von der Straße zu holen war ihre Aufgabe, oder sie weg von den Bahngleisen zu bringen – denn es gehörte zum Alltag in dieser brutalen Millionenstadt, dass alte Leute, die nicht mehr versorgt werden konnten, von der eigenen Familie aus dem Zug gestoßen wurden, um dieser Last so ein jähes Ende zu setzen. Ein Menschenleben ist in Indien nicht viel wert.

Marie beschrieb fröhlich, dass sie meistens zu Fuß ausrückte und es dann schwer wäre, mit den neuen Patienten das Sterbehaus zu erreichen – die Taxifahrer weigerten sich häufig, die Obdachlosen mitzunehmen, zu schmutzig und oft übelriechend in uringetränkten Kleidern wären sie nach der Zeit auf der Straße. Die junge Frau erzählte lachend von den Kreuzschmerzen, die sie jetzt hatte – nicht nur wegen des Tragens und Stützens der Kranken, sondern auch wegen der strohgefüllten, ziemlich harten Matratze in dem Stockbett, das ihr als Schlafstatt diente. Für ehrenamtliche Helfer und Ordensschwestern bei den »Missionarinnen der Nächstenliebe« gilt es nämlich, das Leben der Armen zu teilen, um mit ihnen zu fühlen und ihnen wirklich nah zu sein – das hat Mutter Teresa als eine ihrer Regeln ausgegeben. Doch Marie war beseelt von ihrer Aufgabe: Selbst Maden oder Würmer, die manchmal aus Wunden krochen, waren ihr egal. So viel Liebe wie von diesen alten, zahnlosen, verstümmelten, oft leprakranken Menschen, die sie dann im Saal des Sterbehauses bettete und betreute, habe sie noch nie erfahren, beteuerte sie.

Ein halbes Jahr später sahen wir uns wieder, Marie war als Ehrenamtliche im Dienste des Mutter-Teresa-Ordens vor Ort geblieben. Wieder kam sie zu mir ins Hotel in Kalkutta, dreimal ging sie zum Frühstücksbuffet und türmte sich Obst und Sandwiches auf ihren Teller – Linsenbrei, Gemüsecurry und Reis seien im Sterbehaus die tägliche Nahrung und eine geschmackliche Erinnerung an ihr früheres Leben tue ihr manchmal gut, gestand sie schmunzelnd. Doch sonst wolle sie mit nichts mehr tauschen. Und sie überraschte mich mit einer weiteren Nachricht: Sie würde in den Orden der Mutter Teresa eintreten. Alles war bereits fixiert. In Kürze würde sie alle Habseligkeiten abgeben, denn eine Mutter-Teresa-Schwester dürfe nicht mehr besitzen als einen Sari, ein Paar Sandalen und einen Rosenkranz. *Ich habe schon die ganzen letzten Monate nur mehr zwei Röcke abwechselnd getragen*, lachte Marie, *weißt du, wie befreiend es ist, wenn man nicht überlegen muss, was man in der Früh anzieht?* Ich war erstaunt, hatte mir die junge Frau doch im November noch erzählt, dass sie auch im Sterbehaus die Messe nicht besuche, denn vom Glauben habe sie sich entfernt. *Irgendwann bin ich dann doch mit den Schwestern zum Gottesdienst gegangen,* sagte sie, *habe begonnen, in der Bibel zu lesen, in meiner Arbeit für die Armen plötzlich den Dienst im Sinne Gottes erkennen können. Die Frage, ob ich in den Orden eintreten soll, wurde immer drängender. In der Heiligen Nacht, bei der Mette, habe ich dann auf das Kreuz geschaut und Jesus gebeten, mir ein Zeichen zu geben, um zu verstehen, ob ich berufen bin.* Dann ging sie mit den anderen Ehrenamtlichen auf die Straße, um Decken an die Armen zu verteilen. Sie sah einen Mann, vollkommen abgemagert, der im Sterben lag, und bettete seinen Kopf in ihrem Schoß. *Seine Augen, zu groß für das schrecklich magere Gesicht, haben bis in mein Innerstes geschaut. Sein Blick, der mich nicht losgelassen hat, traf mich wie ein Blitz, als hätte er gesagt: »Mich dürstet. Ich bin dein Zeichen.« Ich habe in Jesu Augen geschaut. An seinem Geburtstag hat er sich sterbend in meine Hände gelegt. Ich war von Weinkrämpfen geschüttelt, und mir wurde klar: Nichts wird mehr sein wie vorher,* schilderte Marie ihr Berufungserlebnis, sichtlich bewegt.

Mittlerweile sind zehn Jahre vergangen, und ich denke oft an diese Begegnung zurück. Marie Mauritz wurde »Missionarin der Nächstenliebe«, zuerst in Kalkutta, dann verschickt in die Welt, wie es in diesem Orden üblich ist – man sollte lernen, nirgends anzuhaften, denn Gott ist überall. Als sie einmal kurz nach Wien kam, fragte ich, ob sie nicht zu Gast sein wollte in »Frühstück bei mir«, denn ihre Erzählungen hätte ich gerne meinem Publikum nähergebracht. Ich wusste, dass diese es tief berühren würden – leider lehnte sie ab, es sei für eine Ordensfrau nicht vorgesehen, *sich so in den Vordergrund zu stellen,* ließ sie mich damals wissen.

Mit Berufenen zu sprechen, mit Menschen, die in ihren Handlungen mehr sehen als das simple Tun oder ihre Selbstverwirklichung, sondern ihr Wirken in einen größeren Zusammenhang stellen – das hat mich immer fasziniert und meinen Glauben gefestigt. Diese Botschafter geben mir Antworten auf die Lebensfrage, wo Gott zu finden ist, im liebevollen Handeln nämlich, in einem weiten Herz, in der Kraft, die wir für die Nächsten entwickeln können. Ich spüre sie immer wieder mit meinem Straßenkinderprojekt ZUKI, mit dem ich als Obfrau mit meinem Team bereits 800 bedürftige Kinder in Ostindien versorge (www.zuki-zukunftfuerkinder.at), und es ist sicher kein Zufall, dass ein Ordensbruder und ehemaliger Mitarbeiter von Mutter Teresa unser Projekt vor Ort leitet.

Ich musste nie lange nach Gott suchen. Seit ich denken kann, ist Seine Existenz für mich eine innere Gewissheit, was einige belächeln, während andere sich danach sehnen. So sagte der damalige Bundeskanzler Christian Kern bei mir: *Die Gnade des Glaubens ist mir nicht gegeben.* Viele Agnostiker und Atheisten nahmen am Frühstückstisch Platz, auch Udo Jürgens verwehrte sich vehement gegen den Glauben, die Vorstellung von einem Leben nach dem Tod war ihm fremd, er meinte bei mir: *Ich würde es als eine Belastung empfinden, wenn ich plötzlich meine Mutter auf einer Wolke sehen würde, und einen Vater daneben, das ist Unsinn. Wenn wir tot sind, werden wir den Frieden finden in einem Meer aus Stille, dann gibt es keine Angst, keine Freude, keine Trauer mehr. Das ist mir Trost genug. Ich brauche keinen Glauben dafür.*

Genforscher Markus Hengstschläger brachte jedenfalls auf den Punkt, was ich empfinde, als er erklärte, wie er, der Naturwissenschaftler, gläubig sein kann: *Wer glaubt, braucht keinen Beweis. Und sollte ihn auch nicht verlangen. Wenn meine Frau sagt, sie liebt mich, habe ich sie noch nie gefragt, warum.*

Doch wo wurden Wege zu Gott in meinen Sendungen gezeichnet? Manchmal gaben sogar große Zweifler diese Richtung vor.

Eine solche Überraschung wartete auf mich im Wiener AKH. DDr. Wolfgang Graninger, Koryphäe als Internist und Infektologe, hatte das Interview mit mir im Mai 2009 eingeschoben. Die Angst vor der Schweinegrippe grassierte im Land, er wollte sie durch die Ausstrahlung unseres Gesprächs ausräumen. Ich kam auf seine Station, eine Schwester bat mich zu warten. Schon da fiel mir eine Pinnwand auf, darauf Bibelsprüche und Zeiten für die Messe im Haus. Natürlich nichts Ungewöhnliches in einem Krankenhaus, doch des Professors Erklärung später, über den oft notwendigen Weg zu Gott bei der Heilung, war erstaunlich und berührend zugleich.

Doch zunächst sorgte der Professor mit Antworten zu Profanem für Amüsement. Der Mann im weißen Mantel schob mich in ein Besprechungszimmer einige Stockwerke tiefer, Kaffee bekamen wir aus einem Automaten. Der »österreichische Dr. House«, wie Graninger gerne genannt wird, war in Fahrt. Der Öffentlichkeit war er ja durch seine Behandlung von Bundespräsident Thomas Klestil bekannt geworden. Schon 1996, als Klestil mit einer lebensbedrohlichen Lungenentzündung ins AKH eingeliefert worden war und von Graninger über das Wochenende in den künstlichen Tiefschlaf versetzt wurde – allerdings ohne die Bundesregierung davon zu informieren –, hatte der Star-Mediziner mit seinen ungenierten Aussagen belustigt. *Wenn jemand gesagt hätte, der Bundespräsident muss jetzt entscheiden, ob Österreich an die Ukraine angeschlossen wird, hätte ich ihn schon aufgeweckt und gesagt:* »*Herr Bundespräsident, entscheiden Sie sich.*« *Ansonsten ist in Österreich am Freitag, Samstag, Sonntag ja ohnehin Stille,* rechtfertigte er den geheimen, von ihm verordneten Tiefschlaf des damaligen Bundespräsidenten.

Für das Ö3-»Frühstück bei mir« lieferte der Arzt auch viele launige Antworten. Manche Hörerinnen und Hörer meinen sogar, es war eine der lustigsten Sendungen in der »Frühstücks«-Geschichte. So befand Graninger über seine Polit-Patienten: *Kein Politiker hat jemals irgendetwas gezahlt. Also ich werde ein Buch schreiben über das Schnorrertum der Politiker als Patienten. Da legen Sie sich wirklich nieder. Die verdienen alle viel Geld. Aber die sind nicht einmal in der Lage, den Krankenschein zu bringen, geschweige denn, die Rezeptgebühr zu bezahlen. Also so eine Mickrigkeit, das gilt auch für die Ausländer.* Dann ließ er sich aus über die *Ausländer, die irgendwelche Naturalien bringen. Ich habe ein ganzes Zimmer voller Ramsch. Irgendwelche Platten, Teller, Teppiche, lauter Klumpert. Man müsste einmal so einen Flohmarkt machen. Aber ich glaube, da könnte man gar nichts verkaufen, weil so etwas kauft niemand freiwillig.* Dass seine Ausführungen ausländerfeindlich sein könnten, ließ er nicht gelten. *Ich bin nicht feindlich, das ist ein Faktum.* Die gesamte Passage brachte ihm übrigens zwei Wochen nach der Sendung eine parlamentarische Anfrage ein, welche Politiker eine bevorzugte Gratisbehandlung bekommen und wann ausländische Staatsbürger statt Geld- die Sachleistungen gebracht hätten.

Wir wandten uns im Gespräch den großen Fragen zu – der Angst vor dem Sterben, der Arzt kannte das Gefühl nicht.

Graninger: *Wenn einer sagt: »Geld oder Leben«, dann sage ich: »Da hast das Leben.« Geld habe ich keines, dann soll er mir das Leben nehmen.*

*Hängen Sie denn überhaupt nicht am Leben?*

Graninger: *Nein. Erlöst ist erlöst. Wenn er mich erschießt, bin ich endlich erlöst. Nicht immer wieder der Zwang, irgendeinen Vortrag herauszustoßen. Der Zwang, wieder bei dieser intriganten Konferenz teilzunehmen. Da ist man dann erlöst. Aber man hat seine Lebensenergie, und wenn dieses Licht dann klein wird, dann wird es halt klein.*

An ein Leben nach dem Tod glaube er nicht, so Graninger: *Wir lösen uns auf.* Aber dann sagte er doch Überraschendes, und das führt zurück zu der Frage, wo wir Gott finden. Und wann es richtig ist, ihn zu suchen.

*Sie sind Arzt und haben somit auch viel mit dem Sterben zu tun. Gibt es ein Gottesbild für Sie?*

Graninger: *Ich sage immer, der beste Arzt bringt nur maximal 40 Prozent zusammen. 40 Prozent macht der Patient selbst, und dann gibt es auch Faktoren, die ich nicht bestimmen kann. Wenn ich so einen hoffnungslosen Fall habe, sage ich immer zu den Angehörigen, sie sollen nicht ewig warten und herumweinen. Sie sollen lieber in die Kirche gehen und dort beten, vielleicht nutzt es was. Manchmal hat man das Gefühl, es nutzt wirklich was. Das kann man nicht so genau definieren. Aber der Patient braucht auch Frieden. Die Angehörigen brauchen übrigens auch einen Frieden. Weil wenn ich Mutter bin und das Kind krank ist, dann ist die Mutter schon halb so krank wie das Kind.*

*Also die Angst macht auch krank.*

Graninger: *Ja, daher muss man denen auch helfen. Ich kann zum Beispiel einem Patienten die Hand auflegen, und der wird plötzlich ganz ruhig … aber das passiert eben nur in der richtigen Zeit zum richtigen Ort. Ich habe schon Leute geheilt durch nichts.*

*Da haben Sie die Hand aufgelegt? Wie ein Heiler.*

Graninger: *Ja. So wie ein Heiler. Zum Beispiel hatte einmal jemand ein Reizdarmsyndrom, er musste permanent auf die Toilette gehen. Ich legte ihm die Hände auf, es war blitzartig weg. Oder irgendwelche Zwänge, wo niemand weiß, warum der das jetzt gerade hat und niemand kann ihm helfen. Dann halten Sie dem den Kopf, und es entfleucht. Es gibt so oft Sachen, die man nicht erklären kann.*

Ein Arzt glaubt an einiges mehr, als in medizinischen Lehrbüchern steht, und empfiehlt den Angehörigen, beten zu gehen. Viele Hörer fanden genau diese Passage beeindruckend und bereichernd, viele kannten sie wohl auch aus ihrem Leben. In der Krise erschließen sich vielen die Pfade zu Gott.

Aber was ist, wenn ein tief Gläubiger Bitteres erleiden muss, wie groß ist da das Hadern, ist dann der Weg versperrt? Samuel Koch, der am 4. Dezember 2010 bei »Wetten, dass …?« schwer verunglückte, war mir da ein Lehrer. Von Kindheit an war er tiefgläubig, Psalm 23, »Der Herr ist mein Hirte, nichts wird mir fehlen«, für ihn seit seiner Kindheit eine tiefe Überzeugung und tägliches Gebet. Auch vor dem Sprung in der TV-Show über ein fahrendes Auto mit seinen Sprungstiefeln hatte er ihn innerlich rezitiert. Kurz danach war er vom Hals abwärts gelähmt.

Drei Jahre später trafen wir uns für das Ö3-Interview in einem Hotel in Hannover. Koch wurde im Rollstuhl von seiner Assistentin ins Zimmer geschoben, sie war es auch, die ihm regelmäßig den Saft in einem Glas mit Strohhalm reichte, er sog daran, selbständig zu essen oder zu trinken war ihm nicht mehr möglich. Mich berührte die Begegnung mit diesem gut aussehenden 25-Jährigen sehr. Früher war er so kraftvoll, sportlich, muskulös; jetzt, mit seiner Behinderung, saß er klein und zerbrechlich in dem Hightech-Rollstuhl. Gott sei Dank war ich gut vorbereitet und hatte ein Stativ mitgebracht, damit ich das Mikrofon in die richtige Höhe schrauben konnte. Samuel Koch sprach manchmal zögerlich, aber immer klug, so beschrieb er seinen größten Traum, falls er eines Tages doch wieder gehen könnte: *Ich würde Schuheinläufer werden. Ich würde es so genießen, wieder Schuhe zu spüren und den Boden, dass ich sicher der beste Schuheinläufer wäre* – was mich tief bewegte. Erstaunlicherweise hatte er auch trotz seines bittern Schicksals den Weg zu Gott nicht verloren. Für ihn war es eine Frage des Vergleichs und was sonst noch hätte passieren können.

*Wie hat sich deine Beziehung zu Gott verändert? Ist der Glaube jetzt schwächer oder stärker geworden durch deinen Schicksalsschlag?*

Koch: *Es hat sich einiges verändert, vielleicht hat sich der unerschütterliche Glaube relativiert. Ich war vor dem Unfall unbeschwert und unbekümmert durchs Leben gehüpft, fast alles, was ich angepackt hatte, ist zu einem noch besseren Schluss gekommen, als ich es mir hätte vorstellen können. Ich habe mich fast unantastbar gefühlt, dachte, es wird mir an nichts mangeln, mir wird nichts passieren, dann stelle es unter Gottes Führung, dann wird alles gut. Da hatte ich mich getäuscht. Und natürlich bin ich ins Hadern gekommen, ins Nachdenken, ins Hinterfragen. Gott hat offensichtlich andere Prioritäten, als ich sie habe. Trotzdem, es gab spannenderweise keinen Moment, an dem ich dachte, Gott hat mich verlassen. Ich kann nur vermuten, dass Er mich vielleicht in diesen 60 Millisekunden des Unfalls verlassen hatte. Aber ich glaube, auch da war Er da.*

*Weil du überlebt hast?*

Koch: *Ja, weil ich überlebt habe. Wahrscheinlich will Gott uns wachsen lassen durch den schwierigen Weg.*

Doch es müssen nicht die Prüfungen sein, die Gott hinterfragen, relativieren oder auch aufleuchten lassen. Jürgen Fliege, einst erfolgreicher TV-Pfarrer in Deutschland, riet, materielle Sicherheiten hinter sich zu lassen – so können wir Gott finden. Fliege auf Ö3: *Am besten bei einer Pilgerreise, mit nur einem Euro in der Tasche. Zu erleben, was ist, wenn ich selbst nichts einbringe außer meinen eigenen Bauchladen. Werde ich beschützt? Nehmen mich Menschen auf? Ist ein Gespräch mit mir Entgelt für die Nacht? Die Kunst, ein spirituelles Leben zu führen, heißt auch, allen Schutz beiseitezulegen und sich Gott anzuvertrauen.*

Benediktinermönch David Steindl-Rast predigte bei mir das Leben im Jetzt als Eintritt in die Transzendenz: *Wenn ich wirklich im Augenblick lebe, dann begegnet mir Gott in jedem Augenblick. Zum Beispiel hier beim Frühstück, beim Teetrinken. Das Teetrinken ist die Begegnung mit Gott, mit dem Göttlichen. Mir hilft die Stille übrigens sehr dabei. Sie erlaubt uns, noch tiefer lebendig zu werden.* Und Pater Georg Sporschill erklärte, dass der andere für ihn der direkte Weg zu Gott sei: *Wenn wir uns für die Menschen einsetzen, die ungeschützt, hilflos, klein sind, dann können wir Gottesnähe erleben. Dann können wir spüren, dass der Satz Jesu genau stimmt: »Was ihr dem Geringsten meiner Brüder getan hat, habt ihr mir getan.« Und noch ein Schritt ist das Wichtigste überhaupt, unsere Kinder nennen das immer das magische Wort. Das ist Danke sagen. Also wenn ich die Augen öffne und schaue, wie viel ich zu danken habe, wie reich ich beschenkt bin, das ist der direkte Weg zu Gott.*

Zum Schluss besuchen wir noch Kardinal Christoph Schönborn im Speisesaal des Wiener Erzbischöflichen Palais, an einer langen Tafel, die in einem Eck von einer Klosterschwester gedeckt worden war, und dort erzählte er mir 2007 von seiner spirituellen Praxis, dem täglichen Gebet, wodurch er den Kanal zu Gott findet. Aber er berichtete auch von einer Zeit, als er bewusst beschlossen hatte, sich dem Beten zu verweigern – was zu seinem Berufungserlebnis führte: *Es war im Jahr 1967, die Zeit der Studentenrevolte in Deutschland. Ich bete nicht mehr, es herrschte die Meinung, das nützt nichts, sondern nur durch soziales Handeln kann die Gesellschaft verändert werden. Ich habe mit Alkoholikern und Obdachlosen gearbeitet und das Gebet weggelassen. Wahrscheinlich war da auch viel Bequemlichkeit dabei. Ich war dann in einer Kirche in Seggauberg, blickte auf das Glasfenster. Da hatte ich ein ganz starkes inneres Erlebnis. Den Eindruck, wieder zurückgerufen zu werden. Plötzlich wusste ich, dass ich Priester werden wollte.*

Seither, so beschrieb der Kardinal, wäre kein Tag mehr ohne Gebet vergangen. Er betonte, wie wichtig es sei, eine Regelmäßigkeit zu finden – wie bei allem im Leben müsste man auch das Beten üben. *Das Wesentliche des Glaubens ist, dass er den Menschen über sich selbst hinausführt. Jedes Gebet ist ein Aus-sich-Herausgehen, eine Verbindung zu Gott. Ich bete zu jemandem, ich kreise nicht nur um mich selber. Das ist manchmal stärker, manchmal mühsam, weil das Gebet nicht abhebt, aber manchmal hebt es richtig ab, und dann sind es ganz wunderbare Momente.*

Ich blickte in die Augen des Wiener Erzbischofs, die voll Güte waren. Und entdeckte bei ihm auch das Leuchten, das ich bei Marie Mauritz in Kalkutta gesehen hatte. Die Suche nach Gott scheint sich zu lohnen. Für jene, die sie antreten wollen.

**MARKUS ROGAN:** »Es gibt einen guten Grund, warum die richtig guten Sportler nicht viel im Kopf haben, weil da ist der Kopf nicht im Weg.« **WOLFGANG AMBROS:** »Da ist er dann ums Eck gezogen mit seinen Knopferlaugen.« **NINA PROLL:** »Ich kenne diese ganzen Schauspielerinnen, die auf den Galas herumlaufen und ihre Möpse irgendwelchen Produzenten unter die Nase halten, und hinterher behaupten, sie sind sexuell belästigt worden. Die Frauen stellen sich immer hin, als wären sie die besseren Menschen.« **MARGIT FISCHER:** »Ich weiß nicht, ob es einen Chauffeur geben wird oder nicht. Oder ob wir zurückfallen werden in eine Privatheit, wo man wieder anfangen muss, selber Auto zu fahren.« **ARIK BRAUER:** »Jeder Mensch ist wie die Erdkugel. Jede Verallgemeinerung ist falsch, darum habe ich auch keine Rachegefühle gegenüber dem Sohn oder der Tochter eines Nazi-Mörders.« **FALCO:** »Wenn ich morgen meinem Gott gegenübertrete, kann ich ihm sagen, ich bin unschuldig, ich hab niemandem was getan, ich hab niemanden gelegt, ich hab niemanden betrogen, ich hab niemandem wehgetan – außer mir selber. Und das verzeiht er mir hoffentlich.«

# Was bleibt in Erinnerung?

Immer wieder werde ich nach Superlativen gefragt. Was war die berührendste Begegnung? Wer war der spannendste Gast? Und mit wem würdest du dich ganz sicher niemals wieder an den Frühstückstisch setzen?

21 Jahre und 1050 Sonntagvormittage auf Ö3 habe ich absolviert, 1050 große Interviews der Woche also, und jedes Mal grabe ich tief in der Erinnerung, um diese Fragen wahrheitsgetreu zu beantworten. Von vielen besonderen Gesprächen haben Sie ja hier bereits gelesen, unzählige Stunden bin ich gesessen und habe meine Interviews durchgehört, um Passagen, die uns wichtige Antworten über das Leben geben, für dieses Buch auszusuchen. Es ist allerdings auch reizvoll, zu erleben, wie Erinnerung spontan funktioniert, wenn diese Fragen nach dem besten, schönsten, spannendsten, unvergesslichsten Gespräch kommen.

Zuerst fallen mir natürlich die sogenannten »Aufreger« ein, die »Sager«, die viel Wind gemacht haben und bis heute wiederholt werden. Markus Rogan im Sommer 2012 zum Beispiel mit seinen Aussagen, die bis heute zitiert werden, wenn es um Leistungen im Spitzensport geht. Wir trafen uns in einem Trainingslager in der Schweiz, wo sich Rogan eine Woche vor den Olympischen Spielen fit machte. Es ging um seine Kopflastigkeit und dass er vor Anspannung vor diesem großen Wettbewerb kaum schlafen könne. Da meinte der damalige Schwimm-Star zu mir: *Ich glaube, es ist ein Riesenvorteil, wenn du weniger denkfähig bist. Es gibt einen guten Grund, warum die richtig guten Sportler nicht viel im Kopf haben, weil da ist der Kopf nicht im Weg. Warum hat der Armin (gemeint war Assinger, Anm.), der relativ schlau ist, nur vier Rennen gewonnen und der Hermann (Maier, Anm.) fünfzig?* Die »Kronen Zeitung« titelte daraufhin in ihrer Montagsausgabe mit »Rogan ‚ätzt' gegen Hermann Maier«, und der Kampf der zwei Sporttitanen war wochenlang Thema in der Presse.

Ähnlich aufsehenerregend war auch Wolfgang Ambros' Erzählung kurz darauf, auch hier war gleich ein weiterer großer Name involviert und damit das Festmahl für die Medien natürlich besonders üppig. Wolfgang philosophierte damals selbstvergessen im Dachzimmer seines Hauses im Tiroler Waidring über den Kokainkonsum seines Austropop-Kollegen Rainhard Fendrich bei ihren gemeinsamen Konzerten: *Da ist er dann ums Eck gezogen mit seinen Knopferlaugen*, und dass sich Austria 3 deshalb aufgelöst hätten. Selbst in den »Zeit im Bild«-Sendungen wurde über den Disput der Austropop-Giganten berichtet, ein Jahr lang war deswegen Funkstille zwischen den beiden, und als es zur Versöhnung kam, erzählte Wolfgang Ambros davon auch zuerst bei mir: *Du hast uns auseinandergebracht, also sollst du auch wissen, wie wir wieder zusammengekommen sind. Ich habe mich bei ihm entschuldigt. Es war ein Blödsinn, zu behaupten, dass Rainhard schuld ist, dass Austria 3 zerbrochen sind.* Die »Knopferlaugen« wurden jedenfalls zum geflügelten Wort.

In der jüngeren Frühstücksgeschichte war der »Möpse«-Sager von Schauspielerin Nina Proll recht griffig und unterhaltsam, und ihre Meinung, dass Frauen sich in der #MeToo-Debatte nicht immer in die Opferrolle stellen sollten, polarisierte. Proll wurde recht deutlich in »Frühstück bei mir« im November 2017: *Ich kenne diese ganzen Schauspielerinnen, die auf den Galas und irgendwelchen Preisen und Events herumlaufen und ihre Möpse irgendwelchen Produzenten unter die Nase halten, sich auf Schöße setzen und hinterher behaupten, sie sind sexuell belästigt worden. Die Frauen stellen sich immer hin, als wären sie die besseren Menschen.* Wir saßen in ihrer Wohnung in der Nähe des Naschmarktes, und Proll legte noch eins drauf: *Wie oft ist mein Mann schon auf Veranstaltungen angesprochen worden, ob er nicht Lust auf einen »Blowjob« hat. Das ist ja in Ordnung, sie können ja ihr Glück versuchen. Aber bitte postet dann nicht #MeToo – da bekomme ich einen Ausschlag.*

Bereits während der Sendung blinkte unsere Telefonanlage wild, die Diskussionen über die Ansichten der Schauspielerin, die so offensichtlich gegen den #MeToo-Mainstream schwamm, waren, auch in den Tagen danach, heftig.

Welche Erinnerungen sind sonst noch besonders, nachhaltig, prägend, wenn ich an meine Frühstücksgespräche denke? Wenn ich mir nicht nur die hunderte Hörerreaktionen bewusst mache, die bei meinem Gast und mir nach einer Sendung oft landen, sondern auch, wie oft sich Journalistenkollegen auf meine Interviews beziehen: Schön ist das, wenn von dem zwischen Kaffee und Marmeladesemmel Besprochenen mehr bleibt als eine »Plauderei« (ein Wort, das ich nicht sehr mag, ich plaudere nicht, sondern ich frage gezielt und möchte den Gast fordern, mit mir klug, spannend, unterhaltsam über das Leben nachzudenken).

Politiker-Interviews fanden immer großen medialen Niederschlag, es tut gut, wenn man Staatsmänner und -frauen, die sich so häufig in Floskeln retten, auch zur Offenheit motivieren kann. So sprach Reinhold Mitterlehner im Jänner 2017 bei mir erstmals öffentlich über den Tod seiner Tochter kurz zuvor: *Es war eine eineinhalbjährige Leidensgeschichte, und es war schwierig, beides zu verkraften – die politischen Herausforderungen und das Private*, erzählte der damalige Vizekanzler und dass ihm eine Klosterschwester bei der Trauerarbeit geholfen habe. Peter Pilz gestand im Februar 2017 – damals stand er noch lange nicht im Kreuzfeuer von #MeToo –, dass bei ihm Jahre zuvor Prostatakrebs diagnostiziert worden war: *Aber ich wusste immer, den Kampf gewinne ich. Und so war es dann auch.* Und auch die Aussage von Bundespräsidentengattin Margit Fischer über ihre Sorgen im Hinblick auf das neue Leben mit ihrem Mann in der Politpension sorgte für Aufsehen: *Ich weiß nicht, ob es einen Chauffeur geben wird oder nicht. Oder ob wir zurückfallen werden in eine Privatheit, wo man – weit über 70 – nach 20 Jahren wieder anfangen muss, selber Auto zu fahren.* Die daraufhin sofort aufbrandende Diskussion, ob Österreichs First Couple nicht mittlerweile schon ziemlich abgehoben sei, wurde von Heinz Fischer im Ö3-»Wecker« wenige Tage darauf dann entschärft, indem er scherzte, jetzt eben wieder zu lernen, *beim Autofahren die richtigen Knöpfe zu bedienen.*

Aber: Wie schnell verliert man sich in Routine bei einer Tätigkeit, die man über zwei Jahrzehnte ausübt, wie ich bei meinen Interviews? Erstaunlich wenig, ist mein Befund, denn immer wieder gibt es neue Situationen, neue Herausforderungen. So interviewte ich im Juni und Juli 2017 erstmals alle Spitzenkandidaten im Wahlkampf, eine heikle Mission, diese Ö3-»Sommergespräche« vor der Nationalratswahl, auf denen so viel Aufmerksamkeit lag. Eine gewisse Bitterkeit war bei Bundeskanzler Christian Kern nach einem Jahr in der Politik deutlich hörbar, auch das wurde oft zitiert: *Politik ist eine reine Selbstbeschäftigungsorgie, wo ich mich jedes Mal, wenn ich Leute mit den realen Problemen treffe, eigentlich geniere, dass es so läuft.* Und er dachte schon damals, im Juni 2017, laut über den Abschied von der Macht nach, bei diesem intensiven Gespräch an der langen Tafel in seinem Büro im Bundeskanzleramt, an deren hinterem Ende sein Pressesprecher saß. Kern auf Ö3: *Wenn ich bei Shakespeare lese von Macht und Intrige und wie es ausgeht, nämlich dass einer seinen Hut nehmen muss, ist das eine gute Vorbereitung: Denn du weißt, dass du bereit sein musst, alles, was du an Macht hast, auch in der Sekunde zu verlieren. Das ist auch für mich eine Lebenserfahrung: Was mich wirklich ausmacht, finden Sie nicht in diesem Raum, nicht auf meiner Visitenkarte, und das wird immer bleiben.*

Sebastian Kurz sagte damals sehr zögerlich für diese Gesprächsreihe zu und nur unter der Bedingung, nicht über Privates sprechen zu müssen – dass er einen Hund bei seinem Urlaub auf Madeira mitnehmen wollte (*Ich bin ein Tiernarr*), war dann wohl auch das Persönlichste, was öffentlich wurde. Seine Linie definierte er bei mir klar, und auch diese Sätze fanden nach der Sendung häufigen Niederschlag: *Ich halte es nicht für notwendig, als Politiker das eigene Privatleben zu inszenieren. Ich möchte gerne nach meiner Arbeit beurteilt werden und muss da nicht meine Familie vor den Vorhang holen.* Umso persönlicher hielt es dafür Heinz-Christian Strache, der mich als einziger meiner Interviewpartner für die Ö3-»Sommergespräche« zu Hause empfangen hatte, in seinem Wochenendhaus mit Garten in Klosterneuburg bei Wien, und aus unserem über dreistündigen Gespräch, bei dem ich natürlich sehr wohl auch politische Inhalte abgeklopft habe, bleibt mir bis heute die Erzählung seiner Vaterbeziehung am deutlichsten in Erinnerung. Strache, in Leinenhemd und Jeans betont locker und passend für ein Wochenend-Frühstück gekleidet, bekannte sich bei mir zu einem sehr schmerzhaften Punkt in seiner Biografie: *Ich habe meinen Vater fast nie gesehen. Und dann, als ich bereits ein junger Erwachsener war, hat er mir irgendwann erklärt, dass seine einzige Aufgabe jene war, mich zu zeugen. Und dann hat er mir mitgeteilt, dass er den Kontakt nicht mehr wünscht und dass er mir alles Gute für mein weiteres Leben wünscht, und das habe ich respektiert. Wahrscheinlich war ich deshalb auf der Suche nach einer Vaterfigur. Aber Gott sei Dank habe ich mittlerweile meinen Frieden damit gefunden.*

Ich marschiere die Pfade meiner Erinnerung ab, interessanterweise tauchen die Stimmungen beim Gespräch zuerst in mir auf, das Funkeln in den Augen des Gegenübers, der Zauber, den so mancher Gesprächsmoment hatte. Was bleibt denn tatsächlich in Erinnerung, was sagt uns die Wissenschaft in diesem Zusammenhang? Gehirnforscher Bernd Hufnagl hat bei mir das Funktionieren des Gedächtnisses sehr klar analysiert: *Alles, was eine Emotion ausgelöst hat, egal ob positiv oder negativ, bleibt in Erinnerung. Weil Emotionen ein eigenes Netzwerk in unserem Gehirn haben, das mit dem Netzwerk des Gedächtnisses zusammenhängt.*

Es wurde viel gelacht, es wurde auch geweint am Frühstückstisch – interessanterweise sind es auch immer die Momente großer Rührung, der wirklich tiefen emotionalen Bewegung, die in meiner Erinnerung verhaftet sind. Als der großartige Arik Brauer im März 2018 im Wohnzimmer seiner Gründerzeitvilla vor mir saß, sprachen wir anlässlich des 80-Jahr-Jubiläums des »Anschlusses« Österreichs an Hitler-Deutschland über genau diese Zeit und seine Gefühle heute noch gegenüber den Nazi-Tätern. Brauers Vater war im KZ umgekommen, und Brauer sagte klar, aufrecht sitzend in den Raum hinein, mit dieser Weisheit des Alters, die auch hilft zu differenzieren – und zu wissen, dass in der reinen Härte keine Lösung steckt: *Ich verachte diese Leute, aber ich würde nicht in Österreich wohnen, wenn ich nicht gelernt hätte, dass es unmöglich ist, Pakete zu schnüren. Dass man sagt, die Araber sind soundso, die Juden so, die Deutschen so. Es gibt nur einzelne Menschen, und ein einzelner Mensch ist wie die Erdkugel. Jede Verallgemeinerung ist falsch, darum habe ich auch keine Rachegefühle gegenüber dem Sohn oder der Tochter eines Nazi-Mörders. Richtig ist, dass die Menschheit lernen muss von der Vergangenheit, das ist klar.*

Ergriffenheit herrschte vor so viel Größe, auch bei den Hörern. Die Aufforderung, Ö3 aufzudrehen *und jetzt den Brauer bei der Stöckl zu hören*, wurde immer wieder gepostet und geteilt, für mich tatsächlich eine besonders erinnerungswürdige Sendung.

So vieles berührte mich bei meinen Gesprächen, wahrscheinlich ist genau diese emotionale Bewegung Motor und Rückenwind und Schutz vor lähmender Routine. Der ehemalige ORF-Auslandskorrespondent Lorenz Gallmetzer taucht in meinem Geiste auf, als er in seiner Junggesellenwohnung am Karmelitermarkt von seiner Alkoholsucht erzählte (*Ich musste mir eingestehen, dass ich den Alkohol täglich brauche. Und ich begann meine Selbstachtung zu verlieren*), und er schilderte auch, wie er mittels Entzug davon losgekommen war. Die Welle an Reaktionen nach der Sendung überrollte ihn, *aber sie hat mich auch sehr beeindruckt, weil so viel Anerkennung und Wertschätzung zum Ausdruck gekommen ist, dass ich den Schritt getan habe.*

Und jetzt blinkt noch das berührende Geständnis von TV-Konditorin Eveline Wild in meiner Erinnerung, die plötzlich Tränen in den Augen hatte, als wir über ihren Wunsch nach einem zweiten Kind sprachen. Plötzlich erzählte sie, dass sie schon dreimal ein Kind während der Schwangerschaft verloren hatte, beide hatten wir feuchte Augen, als sie sagte: *Diese drei Kinder sind jetzt Schutzengel für mich.* Bewusst berührte Wild, mittlerweile Mutter eines Sohnes, dieses Thema, das doch noch immer ein Tabu ist, und sagte: *Ich möchte anderen Paaren Mut machen, dass sie die Flinte nicht so schnell ins Korn werfen und sich entschleunigen. Es gibt so viele psychische Sachen, die in den Kinderwunsch hineinspielen können, und wenn du dich dann noch unter Druck setzt, dann wird es schwer.* Bis heute, so erzählte mir Wild später, werde sie auf diese Erzählungen angesprochen, besonders Frauen vertrauen sich ihr mit einer meist ähnlichen Geschichte an.

So viele Gesprächsbilder toben nach 21 Jahren in meinem Kopf – ein Interview bleibt jedenfalls »outstanding«, unerreicht in seiner Bedeutung für die Musikgeschichte, für die Fans und im Charisma des Gastes, das durch seinen frühen Tod noch verstärkt wurde – auch das macht die Erinnerung. Es strahlt in meiner Sendungsgeschichte heller als alle anderen, obwohl es erst das dritte Gespräch nach dem Start von »Frühstück bei mir« war. Doch es wurde zu einem einzigartigen Vermächtnis: das Gespräch mit Falco im Februar 1997 in seiner Villa in der Dominikanischen Republik, es war das letzte große Interview mit Österreichs wichtigstem Popstar. Mehrmals haben wir es auf Ö3 bereits wiederholt, zuletzt zum 60. Geburtstag des »Falken« im Februar 2017, immer wieder werden seine Aussagen, die er in mein Mikrofon sprach, für TV-Dokumentationen oder Porträts verwendet.

Woran erinnere ich mich also noch heute, wenn ich an diese Begegnung denke?

Es war recht dunkel im Esszimmer von Falcos Villa, dieses Bild taucht gleich bei mir auf, die getönten Scheiben der Terrassentür dämpften das gleißende Sonnenlicht ab, und weil Hans erst im Morgengrauen aus dem 20 Kilometer entfernten Ort Sosúa zurückgekehrt war, wo er immer wieder eine 29-jährige attraktive Dominikanerin traf, hatte er die Vorhänge auch halb zugezogen. Nebenbei erzählte der so sichtlich Übernächtige von einem Autounfall, den er kürzlich gehabt hatte – nie hätte ich mir gedacht, dass sich Falcos Erzählungen als so schicksalhaft herausstellen würden: *Mein Auto ist touchiert worden, ist ein leichter Blechschaden. Es ist ein sehr stabiles Auto, weißt du, sonst wäre ich auch nicht mehr am Leben. Die Fahrerei hier ist schon sehr heikel, und da muss man sich als Europäer schon umstellen. Was mir noch nicht ganz gelungen ist, aber ich arbeite daran.*

Falco war freundlich, bat mich, in der Küche mein Frühstück zusammenzusuchen, ich nahm eine Mango auf einen Teller, er saß da mit einem Energydrink, wir sprachen 40 Minuten, dann war der Popstar gänzlich ermattet. Die Fragen nach den Gefühlen für seine »verlorene Tochter« setzten ihm zu – ein Vaterschaftstest hatte ja siebeneinhalb Jahre nach ihrer Geburt bewiesen, dass Katharina Bianca nicht sein Kind war. Das berührte ihn sichtlich, und er ersuchte darum, das Interview später fortzusetzen: *Es ist wirklich kein Smalltalk, den du da machst. Ich habe die Kraft nicht mehr.* 24 Stunden danach war ich wieder bei ihm – er plötzlich euphorisch, sein Redefluss war kaum mehr zu bremsen. Ob es heilender Schlaf oder Drogen waren, es hatte in jedem Fall gewirkt.

Hier diese Sternstunde von »Frühstück bei mir« in voller Länge. Für Sie alle zur Erinnerung.

Falco: *Jetzt lass uns einmal den Kaffee einschenken.*

*Du wirst hier nicht nur dieser Tage deinen 40. Geburtstag feiern, sondern dabei auch Songs aus deinem neuen Album präsentieren, dafür ist ja der Titel »Egoist« geplant. Behauptest du, dass du ein Egoist bist? Es würde ja viel dafürsprechen.*

Falco: *Was würde denn dafürsprechen, zum Beispiel?*

*Na ja, dass du in deinen Liebesbeziehungen nicht so viel Glück hattest, vielleicht hatte das auch mit einem gewissen Egoismus zu tun?*

Falco: *Also ich glaube, das eine hat mit dem anderen überhaupt nichts zu tun. Denn andere Leute, die nicht so einen schwierigen Beruf haben wie ich, haben doch dasselbe Schicksal und denselben Zores. Das liest man halt nicht jeden Tag in der Zeitung. Ich glaub auch nicht, dass ich die falschen Frauen getroffen hab, ich glaub halt nur, dass die Madln mit mir den falschen Mann getroffen haben. Und ich hab's ja nicht eilig, weil wenn ich mir anschaue, wie ich beieinander war vor zehn Jahren, wenn ich mich erinnere an meinen Dreißiger, also da ist es mir nicht gut gegangen. Und da geht's mir heute eigentlich ja – ob jetzt solo oder nicht – besser, ich hab mich nicht abgewendet vom weiblichen Geschlecht, aber ich denk mir, was für ein Zug soll denn bei mir abfahren? Ich meine, auf welchen abfahrenden Zug soll ich denn aufspringen? Den gibt's ned. Das ist ein Blödsinn.*

*Warum? Wie ist es dir mit 30 gegangen?*

Falco: *Na, mit 30 hab ich mir gedacht, das ist so eine Zahl, 30 ... 40 ist eine Zahl ... ich habe gehört, von meinem Freund Hans Mahr, dass man mit 40, wenn man in Österreich krankenversichert ist, von der Sozialversicherung als Geburtstagsgeschenk eine Aufforderung zur Gesundenuntersuchung kriegt. (Lacht.) Die hätten sie mir* mit 30 schon schicken können. Mit 30 wusste ich nicht wirklich, wo hinten und vorne und oben und unten ist, weil der Erfolg hat mich derartig überrannt, und in der Zwischenzeit, glaub ich, hab ich mich etwas stabilisiert.

*Würdest du sagen, es ist heilsam, wenn man auch solche Seiten des Lebens kennenlernt?*

Falco: Ja, wenn man es überlebt, also wennst mit 40 in unserm G'schäft noch lebst, dann bist du sicher kein Schlechter.

*Du wirst jetzt 40, hast du in letzter Zeit so etwas wie eine Midlife-Crisis verspürt?*

Falco: *Die Midlife-Crisis hab ich gehabt mit 28, wirklich wahr, da habe ich mir gedacht: Jössas! Jetzt hast du Millionen und Wahnsinn und weißt zwar nicht, wo oben und unten ist, aber da ist eine Familie mit einem Kind, du weißt gar nicht, was du damit anfangen sollst, eigentlich musst du jetzt vernünftig werden! Es entkam mir der berühmte Satz: »Ich habe Lust auf Bürgerlichkeit!« Am nächsten Tag haben 450.000 uns ihre Platten zurückgebracht, haben gesagt: Ja, ist er wahnsinnig geworden? Weiß er nicht mehr, wer er ist? Er, der Bohemiant, hat Lust auf Bürgerlichkeit, weil er jetzt eine Steirerin kennengelernt hat? Eine sehr schöne zwar, aber ich meine, die Fans haben das wesentlich besser durchschaut als ich selbst. Ich war zu sehr im Strudel. Und ich hab jetzt gerüttelte sieben Jahre gebraucht, um mich irgendwie freizuschwimmen. Und jetzt – schau dich um! Ich glaube nicht, dass mir irgendwas fehlt. Ich trinke wesentlich weniger bis gar nichts, von den Leberwerten her bin ich also 28. Das soll aber nicht so klingen, als würden wir in der Früh schon trinken.*

*Beschäftigt es dich, dass du polarisierst?*

Falco: *Ich vergeude keine Minute Zeit mehr damit, mir zu überlegen, wie ich rüberkomme, ich versuche, freundlich zu sein. Wenn ich morgen meinem Gott gegenübertrete, kann ich Ihm sagen, ich bin unschuldig, ich hab niemandem was getan, ich hab niemanden gelegt, ich hab niemanden betrogen, ich hab niemandem wehgetan – außer mir selber. Und das verzeiht Er mir hoffentlich.*

*Aber hast du nicht das Gefühl, dass es einen großen Unterschied gibt zwischen Hans Hölzel und der Kunstfigur Falco?*

Falco: *Ich möchte darüber nicht mehr reden, Claudia, weil der Falco ist angetreten mit einem Schmäh im 81er-Jahr, den am allerwenigsten er selber gepackt hat und der noch dazu erfolgreich war, und dann hab ich mir gedacht: Aha, so ist das? Na bitte, das wollt ihr? Das kriegt ihr! Und das ging natürlich eine ganze Zeit sehr gut, und es wird dir ja auch von dieser Grauzone zwischen Kunst und Geschäft dermaßen viel heiße Luft in den Hintern geblasen, dass du ja wirklich glaubst: Um Gottes willen! Ich bin ja der Größte! Was mach ich richtig bitte, wenn 70.000 Menschen jubeln? Da bist du eben sehr gefangen in der Situation und natürlich sehr jung, und ich glaube, ich kann sagen, wenn du im Pop-Geschäft heiß bist, wirklich heiß – also »heiß« heißt kreativ – und wirklich alles gibst ... wenn du fünf Jahre heiß bist, bist du Weltmeister! Danach bist du entweder weg, oder du hast eine Schiene oder eine Nische oder ein Fach gefunden. I hab bis jetzt keines und leb trotzdem noch. Oder hab ich eins? Ich weiß es nicht. Ich denk auf jeden Fall nicht mehr darüber nach.*

*Und es stört dich wirklich nicht, wenn manche dich für einen präpotenten Typen halten?*

Falco: *Das kann ich mir gut vorstellen, weil ich ihnen genügend Stoff geliefert habe, aber ich habe halt diesen Stoff hauptsächlich aus einem Irrtum heraus geliefert – ich wollte mich nie anbiedern. Also ich fühle mich für nichts schuldig. Aber wenn Leute mich nicht mögen, dann haben sie sicher recht.*

*Zu Journalisten hast du jedenfalls ein gestörtes Verhältnis. Auch hier hast du Interviews, die du eigentlich bereits zugesagt hattest, plötzlich wieder abgelehnt.*

Falco: *Also ich sehe mein Verhältnis zur Journaille so: I schimpf niemanden mehr, i schick niemanden mehr scheißen, i schick niemanden mehr so und so und so und so, was ich gerne ausgiebig und auch – zum Großteil – zu Recht früher getan habe. Und manchmal will ich eben in Ruhe gelassen werden. Dann sage ich denen nur: »Ich schaffe ... gehts hin, hörts euch die Platten an, die könnts ihr dann kritisieren! Gehts in ein Konzert, hört euch das an, aber kommts nicht zu mir und schauts durchs Schlüsselloch, welche Farbe mein Klopapier gerade hat. Was wollts denn von mir? Ich schieße euch nieder!« Aber eigentlich schieße ich eh nur mit Worten.*

*Hans, beruflich hast du es unglaublich weit geschafft. Als einziger österreichischer Popsänger hast du mit »Rock Me Amadeus« einen Nummer-eins-Hit in Amerika gelandet. Privat hast du einen großen Tiefschlag einstecken müssen: Vor vier Jahren ist mittels eines Vaterschaftstests bewiesen worden, dass du nicht der Vater deiner damals siebeneinhalbjährigen Tochter Katharina Bianca bist. Hast du diese bittere Wahrheit schon verkraftet?*

Falco: *Ich habe der Kleinen einen wunderbaren Start verschafft. Sie hat siebeneinhalb Jahre lang gehabt, was sie wollte. Mich braucht sie nicht, mich hat sie nie gebraucht und wird mich auch nicht brauchen. Und wenn sie mich einmal brauchen sollte, soll sie kommen, sie ist eingeladen. Aber bitte ohne die Mutter.*

*Wie ist es dir in dem Moment gegangen, als der Arzt deinen Verdacht bestätigt hat, dass du nicht der Vater von Katharina Bianca bist?*

Falco: *Es war im Prinzip nichts anderes als eine Erleichterung, weil ich wusste, dass das Kind kein Erpressungsmittel mehr sein wird. Meine Ex-Gattin hat sich doch tatsächlich entblödet, anzurufen und zu meiner Mutter zu sagen: »Wir wollen auf Urlaub fahren.« Darauf sagte meine Mutter: »Der Hans hat keine Zeit, der ist im Studio.« Sagt sie: »Na ja, zum Scheckschreiben wird er ja wohl Zeit finden.« Da habe ich mir gedacht: Oh Schatzi, und jetzt wollen wir uns das einmal anschauen. Und gelöst vom Kind habe ich mich schon Jahre zuvor. Weil ich wusste, das Kind wird immer nur den goldenen Arsch haben und immer nur das Züngerl an der Waage sein, um Kohle aus mir herauszuholen. Ich möchte schon gern wissen, auf was hinauf. Ich lade meine Tochter jetzt schon ein, wenn sie einmal in die Karibik kommt, soll sie vorbeischauen, vielleicht gefalle ich ihr, dann können wir ja gemeinsam auf Aufriss gehen.*

Falco unterbricht das Gespräch: *Das ist kein Smalltalk, den wir hier führen.* 24 Stunden später führe ich das Interview weiter.

Falco: *Jetzt kannst du mich von null auf hundert ...*

*Sprechen wir über deinen derzeitigen Zustand in Sachen Liebe ...*

Falco (singend): *Ja, die Liebe hat bunte Flügel, aber einen Vogel fängt man schwer.*

*Immer ein Lied auf den Lippen! Hans, dein Geburtstagsfest war ja auch als Verlobungsfest geplant. Es kommt aber leider nicht dazu, weil das kanadische Model Caroline Perron Hals über Kopf abgereist ist. Ist die Verlobung storniert?*

Falco: *Verliebe dich so oft wie möglich, verlobe dich häufig, heirate nie. Danke!*

*Ich merke, du sprichst nicht gerne darüber. Trotzdem: Ist die Beziehung jetzt beendet?*

Falco: *Schau, ich bin 40, sie ist 23. Die Beziehung ist sicher nicht beendet. Sie leidet darunter, nicht bei mir zu sein, ich leide darunter, nicht bei ihr zu sein, aber es geht sich nicht aus. Ich glaube, dass sie eine Frau ist, die Familie möchte, eine Ranch, Geborgenheit und Sicherheit. Und ich bin mir nicht ganz sicher, ob ich das auch will. Sie ist unglaublich kommunikativ. Sie kann den ganzen Tag über die Maikäfer im September reden, sie ist eine große Familie gewohnt. Ich bin ein Einzelkind, ein Mönch, der seine Kreise zieht und schon den ganzen Tag die Spuren ausgetreten hat im Wohnzimmer, und sie sitzt daneben und sieht mir zu. Ich habe die Richtige noch nicht getroffen, aber sie findet sicher den Richtigen.*

*Du hast einmal gesagt, die einzige wahre Liebe, die man im Leben hat, ist die Mutter.*

Falco: *Es ist ja zweifellos eines so, als Einzelkind, noch dazu als einzelner Sohn, hast du natürlich eine ganz bestimmte Beziehung zu deiner Mutter, noch dazu, wo also die Ehe der Eltern in die Brüche gegangen ist und die Mutter eigentlich immer die war, die gehalten hat, also nicht vom Kopf her, weil das hat sie nie verstanden, dass man mit 19 Millionen verdienen kann oder mit 20, aber vom Bauch her hat sie immer gespürt, was ist gut und was nicht. Und sie hat bei meinen Frauen im Prinzip auch immer recht gehabt, was mich dann natürlich auch veranlasst hat zu sagen: »Mutter, pass auf, dir passt ja keine, solang du am Leben bist, gibt es keine Frau irgendwie – und du sollst ein langes, langes Leben haben –, das heißt ich werd* mich mit 65 vielleicht einmal verloben, zum nächsten Mal, zum dritten Mal dann.«

*Und wie machst du das im Alltag, wenn du eine neue Freundin hast? Dann kommt irgendwann der Moment, wo du sagst: »Na ja, jetzt muss ich sie meiner Mutter vorstellen.«?*

Falco: *Na, Claudia, ich hab ja sehr, sehr selten neue Freundinnen. (Lacht.) Also, das liegt ja eher an einer bestimmten Nische der Boulevardpresse, dass, sobald eine weg ist, sofort eine Neue da sein muss, und du wirst ja sehen, also wir spielen jetzt hier das Konzert, und da wird eine schöne Insulanerin an meiner Seite sein, warum auch nicht, die wird aber sicher sofort stilisiert zur neuen Kronprinzessin, und der gehört ja auch halb Cabarete (Anm.: Ort in der Dominikanischen Republik), ist ja eine Hoteliersctochter, und eine Tankstelle hat sie auch noch, das geht ma schwerstens auf die Nerven, weil was ich zu tun habe, was mein Beruf ist, ist, auf der Bühne zu stehen. Und das geht mir halt, seitdem es Falco gibt, schwer ab, weil früher hab ich jeden Tag gespielt, und jetzt spiele ich vielleicht einmal alle fünf Jahre.*

*Hans, manche halten dich für einen einsamen Menschen, in Österreich lebst du ja teilweise in Gars am Kamp, und das ganz allein.*

Falco: *Das ist herrlich! Nicht mal meine Mutter, die mich ja jetzt schon seit 40 Jahren kennt, nicht einmal sie hat geglaubt, dass ich mich allein im Waldviertel wohlfühlen könnte. Dabei fühle ich mich fantastisch! Nicht länger als zwei Wochen, aber ich hab ja auch die Möglichkeit, ich setze mich ins Auto und fahr irgendwohin. Was noch dazu ein Genuss ist – ja! –, das Autofahren. Aber ich bin sehr, sehr gern allein. Meine Freundinnen oder auch meine Mutter sagen: »Sag einmal, was tust du eigentlich den ganzen Tag? Du gehst doch nur spazieren bei dir im Studio.« Und dann sag ich: »Ja, ich meditiere.« Ich sammle mich, ich konzentriere mich ... vielleicht fällt mir etwas ein. Meistens nicht, aber hin und wieder doch. Ich kann sehr gut allein sein, ich konnte mit elf oder mit zehn Jahren schon so tagträumen, dass die Leute so gesagt haben: »Na, der Bua, das wird ein kompletter Spinner. Weil der starrt nur Löcher in die Luft und ist ganz woanders. Was ist los mit ihm?« Das ist auch so geblieben. Und ich bin gar nicht so schlecht gefahren damit. Natürlich brauch ich die Wärme, brauch ich die Nähe von Menschen, natürlich kann ich die auch, glaube ich, geben – sogar als Egoist. Ja! Das ist ein abendfüllendes Thema, glaube ich. Und wir sind ja am Morgen.*

Aber hat dich das Alleinsein nie in Depressionen schlittern lassen?

Falco: *Natürlich! Deswegen brennt auch immer, wenn ich allein bin, Licht zu Hause – oder es läuft der Fernseher. Nach Hause zu kommen am Abend, und alles ist finster – sicher fällt dir oft die Decke am Kopf, aber oft fällst auch du der Decke auf den Kopf. (Lacht.)*

Hast du Freunde?

Falco: *Na ja, sicher hab ich Freunde. Also, ich ... du bist zum Beispiel mein Freund, würd ich sagen.*

Gerne, das ist eine Ehre, das gesagt zu bekommen.

Falco: *Na ja, übertreib bitte nicht, so eine Ehre ist das auch nicht. Aber ich muss sagen, die Österreicher-Clique, die da ist, ist eine sehr ehrliche, das sind eigentlich alle gute Freunde, und keiner redet über den andern schlecht. Also, ich hab noch nichts Schlechtes gehört. Wenn du natürlich Schlechtes hören willst, findest du immer mehr*

*Leute, die dir eher Schlechtes erzählen über einen wie mich als Gutes, aber das ist mir wurscht.*

*Und, wie gehst du hier eigentlich so durch die Anlage? Wie reagieren die Urlauber da, die meisten kommen ja aus Österreich.*

Falco: *Ich geh nicht durch die Anlage. Die Leute, die hier leben, da besucht man sich gegenseitig, und sonst bin ich zweimal im Meer gewesen, einmal letztes Jahr und einmal dieses Jahr. Ich bin ja kein Meergänger und auch kein »Mehrgänger« – ich bin ein Einzelgänger. Und ich komme mit allen Leuten eigentlich gut aus, und die, die sagen: »Pfau, der is an mir vorbeigegangen und hat mich angeschaut, als wäre ich ein Niemand«, die haben mich gar nicht gesehen. Oder vielleicht haben sie mich gesehen und ich sie nicht. Ich meine, muss ich alle sehen? Wo steht das geschrieben?*

*Hans, du hattest ja angeblich lange Zeit ein Problem mit dem Alkohol. Jetzt sagst du von dir, die Leberwerte sind besser denn je. Gelingt es dir wirklich, ganz abstinent zu leben?*

Falco: *Na ja, wir haben ja hier momentan in den Hacienda Resorts »Klinik unter Palmen«, und da ist ja mein Freund Harald Juhnke, der sagt: »Einmal nass, nie wieder trocken.« Und ich glaube, das ist halt ein ständiges Auf und Ab, man darf nicht Ursache mit Wirkung verwechseln. Also, das Alkoholproblem basiert stets auf einem psychischen Problem, das man halt in einer gewissen Gesellschaftsgruppe nicht akzeptiert, wo man halt sagt: »Wenn es einem schlecht geht, muss man sich ansauf'n, oder wie?« Das ist natürlich ganz falsch, und ich weiß ganz genau, wann meine Alkoholprobleme begonnen haben, nämlich mit dem Erfolg – mit der Kohle, mit dem Erfolg. Da werden die Leute sicherlich zu Recht sagen: »Na, der Ärmste, jetzt muss er deswegen trinken.« Aber wenn irgendwie der*

*Erfolg schneller wächst, als die Seele mitwachsen kann, hat man Probleme, glaub mir das.*

*Das heißt aber, dass du jetzt, wenn es dir schlecht geht, wieder zum Alkohol greifst?*

Falco: *Nein, es ist nicht so, dass ich den Alkohol so zu meiden habe wie der Teufel das Weihwasser. Es darf halt nur nicht ein gewisses Limit überschreiten, am besten wäre natürlich gar nichts, aber ich sehe das eigentlich nicht ein, warum ich nicht mit an Glasl Sekt irgendwo anstoßen soll und mir davor ein Mineralwasser hineinleeren muss. In Amerika ist das ja ganz chic, zu sagen: »Geben Sie mir bitte ein Perrier, ich bin Alkoholiker.« (Lacht.) Ich glaube auch, dass es nicht wirklich, Fräulein Stöckl, das richtige Thema fürs Frühstück ist, weil ich hatte keinen Kater gestern, und ich werde auch heute keinen haben.*

*Aber das Thema gehört schon auch zu dir. Du hast schon vom Harald Juhnke gesprochen, der ja auch hier in der Anlage ist. Wenn du von seinen Exzessen hörst, empfindest du da Solidarität, Mitleid?*

Falco: *Na ja, beides. Ich glaube, dass er sein Publikum hat, und das hat er nicht aufgrund seiner Sauferei, das hat er aufgrund seines Könnens, seines Talents, wie Oskar Werner – und er ist fast so weit jetzt.*

*Obwohl, Oskar Werner ist ja auch dein Vorbild, nicht?*

Falco: *Na ja, Vorbild, also ich bin kein Schauspieler, versuche auch nimmer so zu reden wie er, aber natürlich, ich finde, Oskar Werner war der erste österreichische Popstar.*

*Es hat ja bei dir außer Alkohol auch noch andere Drogen gegeben. Ist das für dich ein Teil des Künstlerdaseins?*

Falco: *Überhaupt nicht, das ist eine ganz a dumme Lausbuberei, das hat nichts zu tun mit sich in eine Hochstimmung zu versetzen oder kreativ zu werden, das ist ganz einfach a Bledheit. Natürlich, insofern hat es damit zu tun, weil es mit dem Suchtpotenzial überhaupt zu tun hat. Also mein Suchtpotenzial ist so groß, wenn man auf Fußpilz süchtig sein könnte, dann wär ich's wahrscheinlich oder auf elektrische Zahnbürsten oder auf Zigaretten ... (zündet sich eine Zigarette an).*

*Was? Schon zum Frühstück gibt es eine Zigarette?*

Falco: *Jaja, schon, aber eine ganz eine leichte. (Hustet.) Ich glaub, das ist ganz einfach eine Blödheit, die man sich früher oder später abgewöhnt, weil man die Kraft nimmer hat dafür – oder die Kraft nicht mehr investieren möchte.*

*Also das heißt, du hast es dir abgewöhnt?*

Falco: *Was denn eigentlich? Wovon redest du?*

*Na zum Beispiel die Droge, von der du in deinem letzten Song gesungen hast – von Koks, Kokain.*

Falco: *In meinem letzten Song? Da hab ich von Brennstoffen geredet.*

*Ich verstehe. (Lacht.)*

Falco: *Aber ich hab jetzt eine Nummer geschrieben, die heißt »Out of the Dark (Into the Light)«, da geht es zweifellos um eine Frau, aber der Schritt nach der Frau ist Heroin, Morphium. Wenn man also den Liebesentzug überhaupt nicht mehr aushält, dann glaubt man, man muss sich irgendwas anderes reintun. Diese Doppeldeutigkeit ist sicher wieder eine Masche von mir, weil von dem leb i ja irgendwie, dass i also ununterbrochen irgendwelche »Giftler-Songs« mache, das war schon mein erster, also »Ganz Wien ist heut' auf Koffein«, das hat weniger zu tun mit eigener Reflexion, sondern mehr damit, dass ich das ganz einfach kann, so zu schreiben, dass man das so und so verstehen kann.*

*Was ist denn das Schlimmste, was dir die Presse angetan hat?*

Falco: *Du, das Schlimmste, was mir die Presse angetan hat, war, wie sie mich in die Eier getreten haben mit meinem Kind, das nicht mein Kind war, nämlich eine besagte Zeitung mit vier Buchstaben (Anm.: Er meinte »NEWS«). Daraufhin hat sich eine Unzahl von Leuten gemeldet, die ihren Senf dazu abgegeben haben – ich habe alle nur ausgelacht. Ich habe mir gedacht: Ihr Arschlöcher, ihr blöden! Was wollts denn eigentlich? Jetzt habts amal an Grund, wo's lachen könnts und sagen könnts: »Schauts den Hölzel, der Hölzel ist ja auch nur ein kleiner Trottel, hat sich ein Kind andrehen lassen, acht Jahre lang.« Dass das alles am Rücken der Kleinen runtergeht und dass ich das der Kleinen nicht ersparen kann … na bitte, da werd i wohl Manns genug sein, um mir das selber ausmachen zu können mit meiner Ex-Frau und mit meinem Ex-Kind. Da brauche ich bitte nicht die Frauenorganisationen dazu. Wie sie da alle einstimmig aufgestanden sind und gejohlt haben, was Falco doch für ein Arschloch ist, dass er dem Kind das antut, ja bitte, ich kann's dem Kind nicht ersparen. Was hätte ich machen sollen? Einen Notariatsvertrag, wo drinnen steht, wir sagen der Kleinen erst mit 18, dass sie nicht meine Tochter ist, oder was? Sobald das Ergebnis hier war, und der Gerichtsarzt sagte mir: »Sie haben Blutgruppe A, Ihre*

*Frau B und das Kind 0. Von wo kommt das wohl her?«* Ja, das ist ein Ausschluss im klassischen Sinn. Sobald das Ergebnis da war, musste ich damit an die Öffentlichkeit, und da haben sie mir schwer zwischen die Füße getreten, und das hab ich auch lange Zeit nicht verdaut und auch zwei Jahre oder länger mit dieser Zeitung nicht geredet, da habe ich mir gedacht, ah, da siehst du wieder einmal diese blödhafte Doppel-, Tripel-, Viertel-, Fünftel-, Fünffachmoral unserer Gesellschaft, zu sagen: »Jetzt stellen wir uns aber hinter das Kind ...« Vor allem auch die Frauen! Wie gscheit da alle waren. Da waren sie fast alle so schlau, dass man ihnen zutrauen könnte, sie würden dasselbe auch tun. Da bin ich aufgewacht, und seither denk ich mir, ich glaube nicht an unsere römisch-katholische Vierfachmoral. Und ich glaube eigentlich nur an die Moral des Guten und des Schlechten. Und ich bin lieber ein Guter als ein Schlechter.*

*Was ist deine Vision in Sachen Liebe? Was strebst du an?*

Falco: *Freunde fragen mich: »Na, wie soll denn eigentlich die Frau ausschauen, die du dir vorstellst?« Auf der anderen Seite muss sie eine Schlampe sein, dann muss sie gut kochen können, dann muss sie natürlich auch ertragen, dass du ein Grenzgänger bist, der immer zwischen Sein und Schein und zwischen Tod und Leben agiert, auf einem Hochseilakt mit einer Balancestange, da muss a Frau einmal mitkönnen. Ich glaube, die Frau, die ich finden werde, früher oder später, ist sicherlich über 30 – da werde ich dann schon 70 sein –, und ich denke so, Claudia ...*

*Also ist sie jetzt noch nicht geboren.*

Falco: *Na ja, ja, dass die Frau, die mich halt erträgt, noch nicht geboren ist ... und des Herz geht so lang zum Messer, bis es sticht. Quelle philosophie! Das war nur für die falsche Frau geschrieben, weißt du, ich sag so, Frauen haben einen gewissen Respekt vor dem Alter 30. Ja, also, alle noch, die ich kannte, beginnen irgendwie diese zitierte Torschlusspanik zu kriegen, überzubleiben, dann ist es auch so, dass eine Frau über 30 sicherlich immer mehr Schwierigkeiten bekommt, Kinder zu kriegen, wenn's das erste ist und so, den Frauen sind da leider Grenzen gesetzt. Bitte, diese Gesetze, meine Damen, hab nicht ich gemacht, und ich hab auch dem Herrgott nicht gesagt, Er soll mir ein Glied wachsen lassen, das ist halt passiert. I bin nicht bös darüber, aber es ist halt so. Und ... als Mann sehe ich eines, wenn ich jetzt einen Faden ziehe, von 20 zu 30, von 30 zu 40 Jahren, dann – muss i sagen – geht's mir eigentlich immer besser. Mit 20 war ich heiß, da war ich sehr heiß und sehr geil und sehr ehrgeizig – fünf Jahre lang, also so zwischen 19 und 24 –, und da hab ich eigentlich meine ganze Karriere ... die Weichen für meine ganze Karriere gestellt in dieser Zeit. Mit 30 ist es mir unglaublich mies gegangen, weil ich also nicht gewusst habe, um Gottes willen, was mache ich richtig? Was mache ich richtig, dass in Amerika 65 Millionen Leute meine Platten kaufen?*

*Aber wenn wir zurück zur Ausgangsfrage gehen – willst du gerne heiraten, ist das ein Wunsch von dir?*

Falco: *Ja! Ich möchte schon gern heiraten, obwohl ich eigentlich nicht sehe, warum. Weil ich denke, wenn ich die passende Partnerin hab, mit der es hinhaut, und ich glaube, die hab ich auch mit der Caroline, das dauert alles seine Zeit – sie ist ja jung genug, i bin ja auch jung genug, ich fühle mich ja bestens, obwohl natürlich der Kishon sagt: »Es ist a Bledsinn, es ist a Bledsinn, zu sagen, dass man so alt ist, wie man sich fühlt, man braucht nur schauen in sein'n Reisepass, dann weiß man.« Und wer waß, vielleicht werd i erst so richtig potent mit 65 – wer weiß? Wer weiß, was den Ärzten bis dorthin alles einfällt? (Lacht.)*

*Richtig. Und deine Zukunft hier auf der Insel – wie siehst du die?*

Falco: Ja meine Zukunft auf der Insel seh ich so: Ich lebe hier wesentlich gesünder als zu Hause.

*Was heißt das? Wenig Alkohol?*

Falco: Nein, na, lass doch den Scheiß-Alkohol aus, das ist immer ein Ausrutscher im Prinzip, und den kann man sich schon leisten, solang man dabei niemandem schadet außer sich selber. Also, mit dem Auto jemanden totfahren sollte man nicht, weil da kann man sich gleich umbringen. Ich würd mich nachher umbringen.

*Obwohl, du hattest ja einen Autounfall vor kurzem.*

Falco: Ja, aber, Moment! Das war eine Fahrerflucht des Gegners. Der kam mir ohne Licht entgegen, ich bin ausgewichen und in den Graben gefahren. Und der Niki (Lauda) ist grad 'kommen und hat gesagt: »Hast wenigstens was gelernt beim Rallycross?« Habe ich gesagt: »Ja, ich habe gelernt: Ich habe gewusst, i darf keine Lenkbewegungen machen, sonst überschlage ich mich.« – »Das hast du gut gemacht!«, hat Niki gesagt. (Lacht.)

*Aber jetzt war zu lesen, dass du vorhast, nach Santo Domingo zu gehen und dort eine Agentur aufzumachen.*

Falco: Das ist richtig ... nein, nicht eine Agentur! Mir schwebt so ein Musikerhaus wie das Chelsea Hotel in New York vor oder so irgendwas ... wo unten ein Live-Club drinnen ist und es ein paar Apartments gibt, wo Musiker auch wohnen können und Talentscouts hinkommen. Hier ist eine Szene, in der ein ganz starkes Potenzial drin ist, und warum sollte ich das nicht benützen und nebenbei ein an-

*genehmes Leben führen? Ich betone noch einmal, ich bin nicht hier, um zu überwintern. Ich bin in Österreich, um meine Heimat zu besuchen.*

Ein Interview, das bereits zwei Jahrzehnte überdauert hat. Es wird, wie so vieles andere von »Frühstück bei mir«, hoffentlich noch lange in Erinnerung bleiben. »Gute Erinnerungen tragen das Leben«, sagt eine japanische Weisheit. Mögen noch viele wertvolle Antworten auf die Lebensfragen am Sonntagvormittag auf Ö3 zu hören sein – und große Gefühle wecken. Denn wenn die Emotion da ist, bleibt das Gesagte in Erinnerung.

# Danksagung

Gastronom Bernd Schlacher, der von 400 bis 500 Reaktionen auf unsere Sendung erzählte, ob per E-Mail, WhatsApp, Facebook oder Instagram, und dass, wie er dort auch erfuhr, halb Österreich nun »Egg Clouds« probierte, die er mir – samt Rezept – zum Frühstück aufgetischt hatte. (Die gehen übrigens so: Eischnee auf einem Backblech zu Wölkchen formen, mit Dotter darauf 15 Minuten backen und auf getoastetem und mit Guacomole bestrichenem Brot servieren.) Mein Kollege Tom Kamenar, der im Ö3-»Frühstück« die ersten Jahre in Österreich als Kind geflohener Slowaken beschrieb und dass seine Mutter die Schokobrezel nicht kaufen konnte, die er so liebte, weil kein Geld da war. Noch während unserer Sendung bekam Tom unzählige Reaktionen darauf – und ein Hörer schickte sogar eine Packung dieser Schokobrezel zu ihm nach Hause, gerührt, diese Geschichte via Ö3 zu erfahren. Oder Kabarettist Klaus Eckel, mit dem ich in unserem Gespräch 2015 über Flüchtlingshilfe diskutiert hatte und der danach, angeregt durch meine Fragen, einen Flüchtling bei sich zu Hause aufnahm – all das sind Beispiele, was »Frühstück bei mir« allein bei den Gästen bewegt hat, ganz abgesehen von der medialen Betrachtung, manchmal sogar europaweit, über die vielen Jahre, immer natürlich befördert durch die große Reichweite von Ö3. Bücher wurden zu Bestsellern, Newcomer zu Namen, die man kennen sollte, und wenn ich junge Stars wie Schauspieler Johannes Nussbaum, den Simon aus den »Vorstadtweibern«, oder Bloggerin Madeleine Alizadeh alias DariaDaria interviewe, schlägt mir oft die gewisse Ehrfurcht entgegen, mit der die nächste Generation jemandem begegnet, der ihre Kindheit begleitete und der mit seinem Mikrofon weit weg, fast unerreichbar schien – und plötzlich da ist, um jetzt tatsächlich auch die eigene Lebensgeschichte einzufangen. ORF-Koch Andi Wojta gestand mir – wie manch andere Gäste –, dass es ein ganz großes Ziel für ihn darstellte, einmal am Ö3-»Frühstücks«-Tisch zu sitzen, *weil da dürfen nur die sprechen, die es wirklich geschafft haben* (was natürlich Definitionssache ist, wer es nun wirklich geschafft hat). Als ich jedenfalls dann bei ihm zu Hause saß und ihn befragte, meinte Andi lachend: *Jetzt muss ich ein neues Ziel im Leben finden.* Die Geschichte, die er bei mir erstmals erzählte, wie er mit der Krebserkrankung seiner Mutter umging und, obwohl gerade hoffnungsvoller Jungkoch im Münchner Gourmettempel »Aubergine«, nach Wien zurückkehrte, um der Mama zu helfen, ihre Kantine weiterzuführen, war übrigens auch so eine, die hunderte Reaktionen brachte. Es rührt und ehrt mich, dass eine Sendung, die ich als weißes Blatt übernommen habe, mittlerweile solche Zeilen trägt.

21 Jahre »Frühstück bei mir« liegen also hinter mir, 1050 Sendungen, und ich darf von mir behaupten, eine starke Ö3-Marke geprägt zu haben, die relevant ist, für Qualität steht und noch immer glänzt. Das macht mich froh – und zutiefst dankbar. Und dieser Dankbarkeit möchte ich hier Ausdruck verleihen.

Zuallererst möchte ich mich bei »Frühstück bei mir«-Erfinder Bogdan Roščić bedanken, der mich mit der Moderation und Gestaltung dieser Sendung betraute und an mich glaubte, noch bevor ich es tat (wie das genau war, ist im ersten Kapitel beschrieben). Auch 21 Jahre später sind die Ansprüche und das Tempo gleich, wenn nicht höher, noch immer geht es darum, Woche für Woche den besten Gast zu finden, eine spannende Ansage zu liefern, das Frühstück zum Thema zu machen: Hier legt Ö3-Chef

Georg Spatt die Latte hoch, und das ist wohl auch ein Grund für den Sendungserfolg. Danke an ihn, dass er mir diese Aufgabe schon so viele Jahre anvertraut, auch mit der nötigen Freiheit, um mich (und den Gast) zu entfalten! Danke auch an Ö3-Wortchef Martin Harjung, der mich im manchmal sehr mühsamen »Frühstücks«-Alltag, im Dschungel der Ab- und Zusagen und Forderungen der Managements, der schrägen Erlebnisse und starken Sprüche, der medialen Beben, Konflikte oder kuriosen Begehrlichkeiten, begleitet, immer auch mit der nötigen Portion Humor.

Als ich 1992 zu Ö3 kam, saß da ein Redakteur mit schulterlangen Haaren im letzten Stock des Wiener Funkhauses: Christian »Grisu« Gartner, der, ebenso wie ich, für Dominic Heinzl arbeitete, woran wir uns heute erinnern wie Veteranen an ihre Zeit an der Front. In dieser Zeit sind wir wahre Freunde geworden, und mittlerweile ist »Grisu« Gartner Ö3-»Wecker«-Chef sowie Texter und Gestalter meiner wöchentlichen »Frühstücks«-Promo. Danke, liebster Grisu, für deine nie versiegende Quelle an kreativen Zugängen zu jedem Gast und für deine wunderbare Freundschaft in jeder Lebenslage! Danke auch an Judith Krieger, die mir neuerdings mit so viel Begeisterung und journalistischer Kompetenz bei der Recherche hilft, an Erhard Fichtenbauer als hingebungsvollen Produzenten, der manchmal auch länger bleibt, und Martin Krachler, der mich immer wieder als Fotograf begleitet und mit seinen fantastischen Bildern den Interview-Begegnungen Hochglanz verleiht. An Petra Jesenko, Verena Enzi, Claudia Zinkl für die kontinuierlich gute Pressearbeit und natürlich an das gesamte Ö3-Team, das – in Zusammenhang mit dem »Frühstück« oder ganz abseits davon –einfach großartig ist!

*Wenn du etwas machen wirst, dann wird es immer für viele sein*, hat mir meine Mutter, die Hobby-Astrologin ist, vorausgesagt, schon als ich ein Kind war, sie konnte das in einer bestimmten Konstellation in meinem Geburtshoroskop erkennen. Und es ist so! Im Radio spreche ich zu vielen, ja hunderttausenden Menschen, und ich kümmere mich nicht um ein oder zwei, sondern viele Kinder. Wirklich viele, mittlerweile sind es 800, im Rahmen meines Hilfsprojekts »ZUKI – Zukunft für Kinder«, das ostindischen Kindern von der Straße, aus den Slums oder der verarmten ländlichen Umgebung in ein besseres Leben hilft. In diesem Zusammenhang möchte ich mich zuallererst bei Marlies Steinbach bedanken, mit der ich ZUKI seit nunmehr zehn Jahren als Obfrau leite. Es ist beeindruckend, ihre Liebe für diese Kinder mitzuerleben, gepaart mit schier unendlicher Kraft, für diese bedürftigen Wesen in 7000 Kilometer Entfernung rund um die Uhr zu arbeiten. Danke, Marlies, dass du so ein Wirbelwind positiver Energie bist und mich, wenn mir immer wieder einmal die Luft ausgeht, mitreißt und aufbaust! Danke auch an alle anderen aus dem ZUKI-Vorstand und -Team für die jahrelange nimmermüde ehrenamtliche Arbeit für diese Kinder, und natürlich auch an Xavier Raj, den ehemaligen Mitarbeiter Mutter Teresas, der unser Projekt in Kalkutta so hingebungsvoll leitet, auch an sein Team und alle, die ZUKI unterstützen. Diese Aufgabe hat mein Leben komplett verändert, Bilder aus den Slumgebieten haben sich mir eingebrannt, und ich sehe vieles anders. *Es tut gut, die gelungenere Form von sich selbst zu werden,* wie André Heller sagt, und das passiert mir ständig durch ein Engagement, das viel umfassender wurde, als ich mir jemals vorgestellt hatte – *aber es gilt eine Aufgabe zu finden, die größer ist als man selbst,* sagte auch Viktor E. Frankl, in dessen Philosophie ich so viel Wahres entdecken kann, ich habe es jedenfalls gefunden.

*Freunde sind wie Sterne – man kann sie nicht immer sehen, aber sie sind immer da,* so lautet ein Sprichwort. Ich bin so ein Stern, der oft unsichtbar bleibt, ich habe mir einiges vorgenommen im Leben, und jeder Tag ist zu kurz. Deshalb möchte ich mich besonders bei meinen Freundinnen und Freunden bedanken, die trotzdem noch abheben, wenn ich endlich wieder anrufe. Danke an Jeanny Zorn, wunderbare Freundin über mittlerweile 36 Jahre, für unsere langen Power-Walks im Türkenschanzpark und die immer so inspirierenden Gespräche dabei, an »The Crazy Beauty Doc« Chrissie Hofmann, die mich zu Bert Hellingers Lehre und jener von C. G. Jung gebracht hat und für jede noch so eigenwillige Idee zu haben ist, an die wunderbar-empathische Ruth Fritzer, mit der ich meine erste prägende Indienreise gemacht habe, an Christiane Tauzher, eine der besten Schreiberinnen übrigens, die ich kenne, und die mir immer wieder zeigt, dass Freundschaft ein besonderer Wert ist, den es hochzuhalten gilt, und an Daniela Zeller, mit der die tiefe Verbindung nie abreißt, obwohl wir einander viel zu selten sehen. Danke an Sigrid Obermair für die Begleitung in schwierigen Zeiten und an Peter Waldenberger, der unsere Surovi, ein indisches Mädchen mit schwerer Gefäßmalformation, gerettet hat und seitdem ein so lieber Freund geworden ist. Danke an die »Happinessler« und die »Toni & Friends«-Runde, mit denen ich Lebensfreude zelebrieren darf. Und natürlich an Toni Faber, dem ich vieles zu verdanken habe, auch, dass es dieses Buch gibt, denn er versteht es wie kein anderer, Motivationstiefs umzuwandeln, Lebensanliegen zu ordnen und Gott auf sehr menschliche Weise in die Welt zu bringen.

Meinen Eltern ist dieses Buch gewidmet, ich bin dankbar für jede Stunde, die wir miteinander verbringen, in dieser Mischung aus Liebe und Sorge und Herausforderung, die das Leben mit dem Alter bringt. *Glück bedeutet Vollständigkeit, dass jeder in der Familie im Herzen der anderen seinen Platz hat,* hat Therapeut Bert Hellinger bei mir gesagt. Ich bin gesegnet, dass wir in unserer Familie diese Vollständigkeit leben, und bedanke mich auch bei meinen wunderbaren Geschwistern und ihren tollen Kindern dafür.

Zum Schluss möchte ich mich beim Ecowin Verlag bedanken: bei Verleger Dirk Rumberg für Geduld und Verständnis, als es langsamer ging als gedacht, bei Bettina Stimeder, Arnold Klaffenböck, Barbara Brunner, Gisa Fellerer und allen anderen, die durch ihr Engagement zum Gelingen von »Interview mit dem Leben« beigetragen haben. Bei Hannes Steiner bedanke ich mich dafür, dass er mich in der Idee für das Buch bestärkt hat.

In dem Jahr, als ich an diesem Buch geschrieben habe, sind zwei meiner Freundinnen an Krebs gestorben, beide erst Anfang fünfzig. Ich möchte an Gigi Wagner und Christiane Steiner erinnern, stellvertretend für alle, die uns ein Stück des Weges begleiten, die uns gemeinsame Begegnungen, kluge Sätze, wichtige Gedanken als Schätze hinterlassen und dann, wie es Herbert Grönemeyer gesagt hat, *vorausgehen, um es schon einmal schön zu machen.* In ihnen erklärt uns das Leben seine Beschaffenheit, nämlich wie kostbar und zerbrechlich es ist. Gemeinsam mit der Liebe bedeutet das die Antwort auf so vieles.

Fragen wir diesmal nicht weiter – sondern handeln wir einfach danach.

Danke auch an Sie alle, die dieses Buch gelesen haben!